现代企业卓越管理方法丛书

RENBEN GUANLI
KAIFA QIYE ZUIBAOGUI ZIYUAN DE CELUE

人本管理

开发企业最宝贵资源的策略

主编⊙舒天戈 邱卫东
本册主编⊙邱卫东

四川大学出版社

责任编辑：黄蕴婷
责任校对：欧风偃
封面设计：刘建波
责任印制：王　炜

图书在版编目(CIP)数据

人本管理：开发企业最宝贵资源的策略 / 舒天戈，邱卫东主编. —成都：四川大学出版社，2015.7（2024.1 重印）
（现代企业卓越管理方法）
ISBN 978-7-5614-8742-6

Ⅰ.①人… Ⅱ.①舒… ②邱… Ⅲ.①企业管理—人力资源管理 Ⅳ.①F272.92

中国版本图书馆 CIP 数据核字（2015）第 163037 号

书名　**人本管理——开发企业最宝贵资源的策略**

主　　编　舒天戈　邱卫东
出　　版　四川大学出版社
地　　址　成都市一环路南一段 24 号 (610065)
发　　行　四川大学出版社
书　　号　ISBN 978-7-5614-8742-6
印　　刷　三河市天润建兴印务有限公司
成品尺寸　170 mm×240 mm
印　　张　14.5
字　　数　244 千字
版　　次　2016 年 1 月第 1 版
印　　次　2025 年 4 月第 3 次印刷
定　　价　38.00 元

◆读者邮购本书，请与本社发行科联系。
电话：(028)85408408/(028)85401670/
(028)85408023　邮政编码：610065
◆本社图书如有印装质量问题，请寄回出版社调换。
◆网址：http://www.scup.cn

前言

Preface

人力资源已成为当今时代的第一资源。人本管理强调“以人为本”，追求的是“用人如器”，并且把企业人力资源管理视为现代企业管理中最重要的内容。

众所周知，人才是企业的珍宝，是企业最宝贵的资源，是企业生存与发展不可或缺的第一资本。人本管理最本质的精华是突出对人的价值的认识、对人力资源的开发、对人才的培养任用，并且紧紧围绕选人、育人、用人、励人、留人这五个基本问题探讨其管理方法。因而，坚持人本管理，客观上这就要求企业的管理者必须善于识才辨才，善于用才育才，把人力资源管理当作管理中惟此惟大的中心任务。

人本管理从理论到方法，从原则到模式，在现代企业家的管理实践中，正不断创新，日益丰富。越来越多的企业，在管理工作中已经不仅仅把人力资源当作是一种生产经营所必需的要素，而且更进一步把人力资源的挖掘、保持和开发发展等管理活动看作保障企业核心竞争力、实现企业可持续发展的一种战略举措。因为，今天的企业经营管理者，都已形成了这样一种共识：以人为本，就能创造管理神话。用好人才，就能创造经营奇迹。

人本管理实践告诉我们：管理者的价值观主导着人力资源

管理的方向，管理者的追求目标决定着人力资源开发的力度，管理者的能力与素质影响着人力资源利用的效率。在形势变化、时代跃进与科技快速发展的今天，作为企业管理者，应当不断学习，吸取新鲜的管理经验，不断提升自我的管理素质与能力，合理借鉴优秀的、成功的理念，以使本企业的人力资源管理不断获得企业需要的成果。《人本管理——开发企业最宝贵资源的策略》一书，正是为了达到这一目的，专注于人力资源领域，围绕人本管理的具体内容和管人用人的具体方法，力求为广大管理者有效地进行人力资源的管理提供借鉴与帮助。其中重点分析的内容有以下几个方面：

——选人有道。企业用人之道，首推识人选人。人本管理的要决，当是管理者要有识才辨才的慧眼，以公开竞争发现人才，以科学考察客观识才，选专才也要选全才，选外才更重选内才，不徇私情，不抱偏见，如此才能使企业发现并拥有最出色的人才。

——用人如器。人才的宝贵完全体现在人才的使用价值上。只有用才不疑，放手授权，以信御人，敢用有争议的人才，敢给予员工更多的信任，敢提携后进员工，才是一个有智慧、有魅力的企业管理者。

——发掘潜力与激励人心。人的潜能是无穷的，人力资源的潜力也是无限的，只有善于发掘人力资源潜力的领导者，才能使人力资源成为企业发展中不竭的资源宝藏。发掘潜力的根本途径就是要巧妙、艺术地激励人心。激励是企业用人的精髓，通过激励，管理者才能充分地得到员工的信任，充分地让员工释放出巨大的惊人能量。

——沟通上下与批评有术。人本管理的成功，必须先学会善于沟通。缺乏沟通能力的管理者很难真正去激励别人，也很难管人用人。真正的领导者必须是一位精于沟通的大师。驾驭沟通，才能有效激励；批评有术，才能在沟通中凝聚人心；在交流中团结，才能形成企业合力。

——业绩考核与薪酬管理。业绩考核是人力资源管理中的一项重要内容，对员工进行制度性考核，是人力资源管理中的客观依据。只有依据考核的结果，才能合理、准确地对员工的薪酬做出调整，才能对员工的贡献做出鼓励。员工薪酬与其能力、工作绩效密切相关，也与企业管理者执行的制度密切关联。

——协调矛盾与防范跳槽。在任何一个企业，员工队伍内部出现矛盾都是正常的。管理者的责任便是及时化解矛盾，妥善处理问题使之不致于对企业正常的经营秩序产生不良影响。管理者同时还要运用留人技巧，以使企业需要的人不会轻易跳槽。

总之，本书针对当前企业人力资源管理的实际，将创新性、可读性、实用性融为一体，目的是让企业拥有更多的优秀人才，让企业的管理工作再上新台阶，为中国企业在21世纪中开创未来、再铸辉煌略尽绵薄之力。

编　者

2014年10月

目录

CONTENTS

第一章　以人为本：人是企业的核心力量

一、以人为本是企业的第一法则

二、企业发展的关键在于人才

第二章　选人有道：选准聘用优秀员工

一、努力选聘优秀的员工

二、企业成功选人的要诀

第三章　用人如器：人尽其能展示风采

一、用人以谋，育才有方

第五章　激励人心：激发员工更大的能量

一、激励是最高明的用人之术

二、灵活地运用各种激励手段

第六章　沟通上下：在互动中增强凝聚力

一、领导者应与员工保持良好的沟通

第八章　业绩考核：对员工工作进行测评

一、业绩与能力考核是对员工的客观评价

二、考核员工业绩与能力的科学办法

第九章　薪酬管理：给员工以公平的酬报

一、合理的薪酬管理能给企业带来效益

二、薪酬管理应当因人而异

第十章　协调矛盾：创造和谐的人际环境

一、和为贵，团结就是力量

二、妥善处理好各类人际纠纷

第十一章 防范跳槽：掌握留人的管理艺术

一、留住人才，企业才能兴旺发达

二、留住优秀员工需要采取有效措施

第一章
以人为本：人是企业的核心力量

人是企业的财富，是企业的第一资本。企业员工是企业生存与发展的支柱，决定着企业的兴衰成败。21世纪企业经营最核心的理念之一便是：以人为本。

实践证明，任何一个企业，若想在当今的市场上生存，若想在市场竞争中立于不败之地，就必须以人为本，极大限度地开发人力资源的潜力，因为对企业发展起根本作用的当是企业拥有人才数量的多寡与质量的高低。

一个成功的企业经营管理者，最首要的职责、最重要的使命就是：努力找到最好的员工，努力留住最好的员工，努力让所有的员工都成为最好的。

一、以人为本是企业的第一法则

企业管理，从管理的对象上来看，分为人的管理及物的管理。在传统的理论中，将人的管理简单化，把人与资本品并列，忽略了企业内部人的具体性与复杂性。应该看到，企业不是物的堆积而是人的集合，是由人组成的以营利为目的的经济组织。因此，企业管理从最根本的意义上说，就是对人的管理，即调动企业人对物质资源的配置和营利能力的主动性、积极性和创造性。**显然，企业的营利性目的是通过对人的管理进而支配物质资源的配置来达到的。**基于这种考虑，企业管理就必然是也应该是人本管理。理论和实践都表明：以人为本是企业经营的第一大法则。

1. 以人为本是现代企业管理的精髓

改革开放以来，我国相当多的企业在转换经营机制的同时，从过去单纯追求产值、增长速度，转为越来越重视产值、利润的创造者——人的因素，实施以人为中心的管理，取得了显著绩效，逐渐使人本管理成为企业界和学术界关注的热点。这是十分可喜的现象，因为它符合时代的潮流，符合管理变革的趋势，符合社会主义管理的本质要求。但是，人本管理在我国还处于刚刚起步的阶段，理论与实践都处于探索之中，许多重大问题亟待深入研究。

当代西方管理理论与管理学派的形成经过了三个阶段。第一阶段是20世纪初所形成的以泰罗等人为代表的古典管理理论。泰罗等人倡导的科学管理，以提高劳动生产率为目标，在操作规程、工作定额、差别工资制度、职能分工、管理原则等方面，进行了一系列探索，开创了科学管理的新时代。但古典管理理论对人的认识是有缺陷的：一是把人看成经济人，过分强调物质刺激；二是把人看成和机器一样的工具。第二个阶段是从20世纪二三十年代开始的行为科学理论。行为科学侧重研究人的需求、行为的动机、人际关系和对人的激励等，主张通过多种方式激励人的积极性。

第三阶段是战后出现的以广泛运用数学方法和计算机为特征的管理科学理论。这一阶段，出现了许多新的管理技术，推进了管理手段与管理方法的现代化，提高了管理工作的精确化、科学化水平。但实践表明，尽管现代管理技术是有效的，却不能代替管理思想的现代化和人员的现代化。

人们曾经预想，随着新技术和现代管理方法的大量应用，人在经济活动中的作用将会减弱。但竞争的现实使人逐渐认识到，任何时候都不能忘记生产产品和提供服务的人以及使用产品和服务的人。于是，在新的阶段，或者也可以称之为管理思想发展的第四阶段，对人的认识有了升华。在这一阶段，提出了人是最重要的资源、最宝贵的财富，提出了个性需求和精神健康的理论，提出了更多依靠员工的自我指导、自我控制以及顺应人性的管理等一系列新观点、新思想，并在实践中积极推行以人为中心的管理模式，积累了丰富的经验。**可以说，以人为本的管理，是新阶段的重要特征之一。**

当代社会是知识经济社会，高新技术以排山倒海之势，不断向社会经济生活各个领域渗透，把人类生产水平提到一个崭新的阶段，工作效率也将几百倍、上千倍地迅猛提高。在知识经济时代，是否还要以人为中心进行管理？回答当然是肯定的。因为任何高新技术，都是由人所创造、所使用并为人服务的，并由此对人的知识、智慧、管理才能和创造力提出了更高的要求。当代和未来的科技战，实质上是人才战，知识和人才将大大升值，成为社会经济发展的关键。同时，随着人类文明程度的提高，人的地位、价值也必然不断提高，为适应这一发展趋势，对人本管理也将提出越来越高的要求。

目前，我国企业的改革无论是建立适应社会主义市场经济要求的现代企业管理制度，增强企业活力，还是直接参与国际市场竞争，都迫切需要认真学习、吸收当今世界先进的管理经验。其中，学习和研究企业以人为本的管理经验尤为重要。

首先，中国经济体制改革的根本目的在于积极促进生产力的发展。**而人是生产力的主体要素，任何经济成果都是由人创造的。**只有通过改革，充分激发千千万万劳动者的积极性和创造力，才能有效地促进生产力的发展，才能使企业充满生机和活力。所以，我们的改革，也应是以人为中心的改革。通过体制改革，要为亿万人民聪明才智的充分发挥创造良好的环境和机制。

其次，从中国企业所面临的实际问题出发。由于多年来自上而下片面地追求产值、发展速度的指导思想，在经济工作中，见物不见人的倾向十分严重。在改革中，许多企业又过分强调物质刺激的作用，出现了“一切向钱看”的倾向，忽视人的多方面的追求和素质的提高。针对所出现的这些问题，认真学习企业以人为本的管理理论，可以说是对症下药的一剂良方。

再次，中国是一个有几千年历史的文明古国，中华民族有着优秀的文化传统。其中，儒家文化作为中华民族文化的主流，有许多积极的因素。如国家兴亡，匹夫有责，以天下为己任的对社会对民族的责任感；国以民为本的民本思想；勤奋好学、严于律己、敬业乐群、勤俭节约的道德规范；讲求仁爱之心，重人情、守信用的处世之道等等，都体现了我国古代人本管理的思想，对现代经济发展和科学管理，都是有积极意义的。更为重要的是，中国是社会主义国家，社会主义的本质特征，就是要使每个人都成为社会的主人，使每个人的才能都得到最大的发挥，从这个意义上说，在社会主义市场经济条件下的中国企业，应理所当然地推行以人为本的管理模式。因而，研究企业的人本管理有巨大的现实意义。

2. 人力资源是企业的第一资源

经济的发展离不开两类资源：一是物质资源，二是人力资源。我们通常所说的“人、财、物”，“人”即人力资源，“财”和“物”均属物质资源。

人力资源，也就是劳动力资源。它是由全部人口中有劳动能力的那一部分人口构成的。

在一切资源中，人力资源是最为宝贵的。这是因为，劳动者是生产过程的主体，是首要的生产力，是构成生产力诸因素中起主导作用的要素。生产的发展归根到底取决于人的作用的发挥。

经济体制改革的中心环节是增强企业活力。企业活力的源泉在于脑力劳动者和体力劳动者的积极性、智慧和创造力。当劳动者的主人翁地位得到切实的保障，心情舒畅地参加劳动，他们的劳动又与自身的物质利益紧密联系的时候，劳动者的积极性、智慧和创造力就能充分地发挥出来。

国际商用机器公司（IBM）董事长兼总裁沃森说过："一个企业成败的关键在于它能否激发职工的力量和才智。企业的活力来自企业的信念及其对职工的吸引力。"

企业管理的重点是开发人力资源，开发人力资源的关键是调动职工的劳动积极性。

所谓劳动积极性，就是指劳动者以主人翁的姿态，怀着强烈的使命感、责任感、光荣感和自豪感，热爱自己的工作，忠诚劳动、鼓足干劲、力争上游、积极奋斗、知难而上，创造性地进行劳动。

具有劳动积极性的人，必然是这样的：

——热爱工作。能够认识自己工作的意义，因而能在艰难困苦的条件下愉快地工作，积极地工作。

——有主动精神。总能从工作中感受到无穷的乐趣，总想干得精益求精、出人头地，不知疲倦，有使不完的劲。

——有主人翁责任感。劳动者真正感到自己是主人，能够在劳动中自觉地负责，认真踏实地工作。

——有民主管理的参与感。劳动者与自己所在的工作单位同命运、共呼吸，休戚与共、息息相通，因而具有强烈的参与意识。劳动者主动关心工作单位的兴衰荣辱，主动要求参与重大问题的决策，对领导者进行监督，并献计献策。

——有积极进取的使命感。劳动者强烈地渴望自己成为本行业、本岗位出类拔萃的人物。对自己的工作产生强烈的兴趣，埋头工作，并从工作中得到最大的满足。

人本管理不失为现代企业管理中最为有效的手段，如何充分调动人们的劳动积极性，可以说是管理科学的尖端课题。

3. 通过员工的发展来实现企业的发展

美国苹果公司员工事务负责人阿代尔·第吉奥吉奥说过："我们要让员工知道他们个人事业的发展最终要靠自己，但是我们会帮助他们找到最适合他们走的道路。"而大气处理公司首席执行官盖尔·赫林则表明，"我信奉的哲学是：员工知道得越多，对公司就越有利。员工的发展即员工素质的提高，对组织和员工个人都会带来重大的利益。”为了提高员工的工作技能，为他们在组织中的个人发展做准备，很多组织都制定了综合性员工培训方案。一项研究表明：**对员工发展投资的公司，其市场竞争力明显强于没有为员工发展进行投资的公司。积极鼓励员工发展并向他们提供发展机会的公司，其生产率明显高于没有这样做的公司。**

很多企业家认识到，给员工提供学习的机会就等于为组织和员工支付股息。企业拥有了技术熟练的员工，就能够灵活地完成分配下来的任务。员工得到机会学习新技术，获得了处理业务的新方法，一旦具有了打破常规的勇气与能力，就可以不断地提高工作效率。

20 世纪 90 年代，微软公司的规模不断扩张。发展速度惊人的微软公司，通过员工培训，做到了使员工的发展与自己的发展同步。

微软对新员工的培训很有特色。随着公司产品的多样性和复杂性，微软试图聘用能自学业务的人员，通过交谈或边看代码边使用产品来交流产品设计知识。新雇员注意观察有经验人员的工作，每个人通过“试错法”来学习。同时，微软还安排熟练员工来教导新雇员，这些熟练员工有组长、某些领域的专家以及正式指定的指导教师，他们除了本职工作外还要担负起教导新雇员的工作。例如，对于程序经理的培训：刚开始时，新雇员的任务可能是一个单独的工作，并且在直到完成为止的这段时间内，都会有人给他密切的指导。当新雇员把这种工作已做得相当熟练之后，便会在更大的小组中从事类似的工作，但指导会少得多。一段时期之后，受训者会拥有一个小项目或一个大项目的一部分。同时，程序经理还可以受到一些正规的培训，包括一个供选修的为期三周的培训项目。另外，微软还不定期举行“蓝碟”午餐会，届时会有经验丰富的程序经理介绍他们自己的工作经验。

同时，微软对开发领域人员有更加正规的定向培训。例如，微软为新开发人员提供了为时两天的实习班，帮助他们训练处理开发过程、产品、工具和其他专题的能力。

在微软，对客户支持工程师的培训也是十分重要的。这主要是因为，顾客不仅仅是购买微软的产品，他们还要享受到微软的优质的售后服务。

所以，训练有素的客户支持工程师对于保持公司良好的形象和提高为顾客服务的质量是至关重要的。客户支持工程师不必像开发员那样受过必备的职业教育，但他们必须有关于微软产品如何工作的广博知识，并且要实际上在某种产品上具有专业知识。新的客户支持工程师在分专业之前，会接受3~4周培训。培训从基本的系统产品MS-DOS和Windows开始，同时他们还接受交际技巧，包括如何与顾客打交道等方面的一般性训练。作为定向培训的一部分，他们还要接电话，与导师一道工作（每位技术员有一位导师），在他们被分配处理客户的电话之前负责答复客户来信。工作确定之后，每个雇员每年还要接受大约20小时的再培训。“通过边干边学和言传身教培训新雇员”这一方法可谓是微软的独到之处。

正是这一培训方法，使得微软作为一个作战团体，不断积累经验，培育出一代比一代出色的作战精英。

二、企业发展的关键在于人才

以人为本，要求企业领导者必须善于识才辨才，善于用才育才，真正做到选准人，用好人。企业领导者必须把培育人才当作压倒一切的中心任务与战略大事。“育人优于任何事，缺才危于任何事”，这种经营理念已成为当代企业家的共识。因为，以人为本，就能造就管理神话；用好人才，就能创造经营奇迹！

1. 人才是企业的第一资本

人才是企业的珍宝。对于成功企业来说，人才能使之长盛不衰；而对于一个创业中的企业来说，人才能使之不断壮大，走向成功。所以，21世纪的经营理念认为：人才是企业的第一资本。

从企业经营规律中可以看出，在资本的转换与增值过程中，人的作用始终是第一位的，人是联系有形资本与无形资本的纽带，是工业资本、金融资本与商业资本相互转化的动力。可以说，生产资料与货币如果仅仅只表现为相对静止的物质形态，而不能以创造利润为目的表现出转换与增值的运动过程，就不能体现资本的特征。体现资本特征的根本因素又是什么呢？是人的作用，是人类自身生存、延续和发展需求的消费与积累最终决定资本增值——不断扩大社会物质财富总量。**因此，就资本在社会实践中所发挥的作用而言，是人直接决定了资本的效能**。从这个意义上讲，人本身就是资本重要的组成部分，而且是最积极、最主动、最活跃的部分。所以，富于创造性的人才，是企业的第一资本。

同时，我们还可以从企业实践这一微观角度考察人才的重要性。在现代化大工业生产的条件下，企业通常是金融资本过渡到商业资本的中间环节。就任何一个工业项目而言，从市场调研、立项到资金筹措，再到产品生产和销售的全过程，人才的作用都是决定性的。不论是其中的哪一个环节出现人的“质量”事故，企业发展都会出现问题。所以，现代企业经营理念始终认为，对企业而言，资金（属于资本范畴）往往不是主要矛盾。因为即使有了资金，没有高素质的人才，资金也不能增值，甚至还会毁人、害人；相反，有了高素质的人才，即使资金暂时紧张，也终究会找到解决问题的办法，用较少的资金赢得较高的效益——资金利税率。**从经营的最终目的和效果上讲，人才是企业的第一资本**。

从“人才是企业的第一资本”这一理念出发，任何企业，不管规模大小，其决策者必须转变观念，突破传统用人观念上的误区，纠正人才选拔与使用上的错误认识，把人才开发列入战略经营和长远投资计划，加大人才开发的力度。这样的企业，在迎接新世纪的挑战中，才最有生存发展的力量。由于人才是企业的第一资本，因此，**只有把人才开发列入到企业的长远规划之中，企业的内力才会积聚增强，企业的远景才会清晰而又广阔**。

2. 人才即是“人财”，人就是宝，人即是财

任何一种组织，包括企业在内，都必须选准人，用好人。一般而言，哪个企业的人力资源丰富、质量高，而且安排得当、使用合理，这个企业的事业就会蒸蒸日上、兴旺发达。所谓“用好一个人，救活一个企业”“用好一个人，富了千万人”就是这个道理。**这说明优秀人才具有点石成金、化腐朽为神奇的特殊本领**。正因为如此，20 世纪 50 年代，当科学家钱学森返回祖国时，美国海军次长丹·金波尔歇斯底里地叫喊：“我宁可把这家伙毙了，也不让他离开美国。因为，无论在哪里，他都抵得上 5 个

师。"一个人可以抵 5 个师，这就是人才的价值！

人才资源是企业最宝贵的资源，善于用人是企业经营者的成功之本。因此，作为企业的管理者，理应高度重视用人问题。

美国企业界最成功的企业家之一玛丽·凯在《谈人的管理》一书中指出，优秀的人才是公司最重要的资产，留住优秀的核心人才是优秀公司的标志。日本的企业家对人才更为重视，如日立公司自创建以来，一直将"事业即人"作为经营的信条，坚信事业的成败归根到底取决于能否培养出成为公司支柱的有用人才。

随着新技术革命的蓬勃发展，企业之间的竞争日趋激烈。竞争表现为技术的竞争、产品的竞争，而技术、产品的竞争实质上是人才的竞争，人才是当今最大的竞争力，谁在竞争中拥有掌握知识、技术的人才，谁就能在竞争中处于主动地位。**人才，往往决定着一个企业的盛衰存亡。**对于这一点，精于算计的资本家是最有感受的。美国钢铁大王卡耐基曾说过："将我所有的工厂、设备、市场、资金全部夺去，但是只要保留我的组织人员，4 年之后，我仍将是一个钢铁大王。"无独有偶，汽车大王斯隆也说过类似的话："你可以拿走我的资产，但将组织留给我，5 年之内，我一定可以将那些资产再赚回来。"他们都把人才看得比设备和资金更重要，难怪日本有人提议将"人才"二字改为"人财"！可见，人即是宝，才即是财。

人才作为第一资源，其宝贵之处在于用其知识、技术、智慧为企业带来了发展的生机，这是其他任何一种资源所无法实现的。在改革开放后的中国企业中，这样的生动事例屡见不鲜。

然而，也有不少企业的经营者，一谈起发展生产、增加产量，只会想起要增加钱和劳动力，而往往忽略了人才的培养，尤其是管理人才的发掘和使用。有的企业盲目地从外国引进一些现代化的技术设备，但没有人能操作和修理，只好废弃在一旁，即便可以投入使用，劳动生产率也非常低下。某企业从国外引进 4 条生产线，设计定员仅为 203 人，考虑到我国的实际情况，将人员编制扩大到 1398 人。可是，一年后实际人数却达 3097 人，而且还在不断地增加。这种状况，显然是忽视了人的合理使用与管理。实践证明，不懂得如何用人，就不能成为成功的企业家。"只有无能的管理者，没有无用的人才”，“垃圾是放错了位置的人才”，这些话已成为现代管理、用人的名言。

3. 知识人才是企业生存发展的支柱

在企业组织中，有一定专长和突出技能的专家，就是知识人才。知识人才和一般的体力劳动者是绝对不一样的。知识人才并不直接生产产品，他们所产出的是构思、资料、点子、观念和创意。正是这些人为企业设定目标，创造新的技术，开拓新的经济领域，建立新的利益基础。所以，用好知识人才，是任何机构特别是现代企业成功的关键。

人才作为企业的第一资源，其宝贵之处在于可以用其智慧为企业的发展带来无限的生机，这是其他任何一种资源都无法直接实现的。

现代化生产力的力量源泉已经从“物理空间”转向了“知识空间”。也就是说，**发展现代化生产力，关键已不是增加物质投入或资金投入，而是增加人的知识，增加技术投入。**

因此，现代企业的竞争，从根本上说是人才的竞争，即技术专家的竞争。在现代商战中，人才竞争已发展到了白热化的程度。

对于从事企业经营活动的人来说，下面的这一观念应牢固地建立在自己的脑海中：“在现代企业活动中，信息是资源，时间是金钱，简化是效率，人才就是资本。”

所以，**对于现代企业来说，要想在激烈的竞争中获胜，那么打好用人的战争必然是其他一切成功的基础。**而对于企业用人来说，有效地使用专家，是用人之道这个核心之中的核心。

要用好专家，就必须懂得专家的一些共性，掌握他们的心理。这就要求每一个企业家自己就是善于用人的专家，要求他能够有效地发挥专家的优势。

4. 人才决定企业的兴衰与成败

任何一个企业经营者，追求的都是事业的成功和理想的实现。然而决定事业兴衰与成败的不仅仅是要有这种积极的追求，更重要的是是否拥有创造和完成这个事业的各种宝贵的人才，他们才是决定所创事业成败与否的关键。

日本松下公司创始人松下幸之助比任何人都强烈地认识到人才的重要性。几乎所有的追求事业成功的人都很关心，也很有兴趣想知道松下为什么能受惠于优秀人才。这是因为，身为经营者的松下先生，对于人才怀有强烈的需求心。松下说：

“不管做什么事都一样，最重要的，就是要有想去完成那件事的强烈心愿。若心里一直想非完成它不可，事情可以说是已成功了一半。有了这种心态，必定能想出完成这件事的手段或方法来。”

这段话就像在描写松下先生他自己一样，强烈的需求心一直都是完成事情的原动力，这是自古以来不变的原则。

“needs”（需求）这个词常被松下先生挂在嘴边，他认为，“一开始就要有 needs 的心”。“没有 needs 的心，做什么事都是成功不了的”。在企业培育人才的时候，这个企业的主管或干部首先都要以“我们公司对人才的需求是绝对必要的，因此，培育人才必须优于任何事情”的心态作为出发点。

拥有优秀的人才，事业就能繁荣；反之就会衰微。各行各业中大企业的兴衰就是最好的例证。松下电器公司能有今日的发展，就是因为他们比别人更懂得如何用人。

知识就是财富，知识就是生产力，因而知识人才就是企业生存发展的坚强支柱，是现代企业成功发展的关键所在。

5. 人才互补造就管理神话

在一个企业中，如果管理者不能与各类人才和管理专家进行密切的配合，那么，这个公司的事业就不可能获得成功，即使能勉强维持，也不可能取得优势。

美国的科学管理之父泰罗说：“现在，我们已经跨入了真正合作的新时代的门槛。任何人可以不依赖于别人的帮助而独闯天下取得成就的骑士时代正在迅速地消逝。”

现代企业，是一个管理者和技术专家配合、互补的领域，谁忽视这一

点，谁就会遭受失败；谁重视这一点，谁就能获得成功。

有一则神话，说的是一个渔妇，吞下了十粒神珠，生下了千里眼、顺风耳、大手、长脚等十个各有所长的儿子，这十个儿子齐心协力终于打败了残暴的国王。这里就有一个功能互补的问题。

当然，管理者与专家的合作，并不仅是管理者一方的责任。专家也有责任使别人了解自己。意思就是说，拥有知识的人才，应负有使别人能够了解他们的责任。如果想当然地认为外行人能够了解他们，或外行人应自己设法去了解他们，或者认为专家只需要能够和同行人、少数专家沟通就够了，那是一种自大而又肤浅的想法。在企业中，管理人才应负有这样的责任：使企业的人才最大限度地发挥才能。而知识人才应具有这样的义务：使自己的专长能最充分地为企业创造价值。这才是21世纪的企业用人观。

企业中不可能有全知全能、无所不能的全才，有的只是在某一方面、某一领域具有专长的人才。**领导者的责任在于将这些人才巧妙安排到合理的位置上，让他们发挥互补作用，从而达到“1+1>2”的效果，增强企业的整体竞争优势。**

6. 巧用“怪才”兴盛企业

特殊人才使用得当，会对企业产生特殊的影响，做出特殊的贡献。企业中，性格怪异的人才，大都是由于其内在的特异禀赋造成的，这特异的禀赋使他们行事一般不守常规，而是表现出超常性，所以才显得“怪”。

但是没有特异的才能，就不会有特异的发现；没有个性鲜明的人才，就不会产生独具特色的商品；没有超常的性格，也就不会有超常的创造。

因此深通用人之道的人，往往特别注意使用“怪才”。

日本的本田技术研究社就专门招收个性不同的“怪才”。本田的职工一般分为两种：一种是“本田迷”，即对本田车喜欢到入迷的程度，这些人不计较工资待遇，而是想亲手研制、发明或参与制造新型本田车，他们热衷于为其所热爱的东西奉献；另一种则是一些性格古怪的人才，他们爱奇思异想，爱提不同意见，或热衷于发明创造。

本田自己认为，对职工必须大胆委托工作，但要提出高目标。至于如何达到这些目标，领导无需指手画脚，而是让这些怪才们自己去想办法，人只有逼急了，才能产生创造性。在美国获汽车设计奖的本田新车型，都是那些被视为“怪才”的人发明的。

有一次，公司在招收优秀人才时，主持者对两名应聘者的取舍举棋不定，向本田请求指示。本田宗一郎随口便答：“录用那名较不正常的人。”本田宗一郎认为，正常的人发展有限，“不正常”的人反而不可限量，往往会有惊人之举。这种用人方法对本田公司创业不到半世纪就发展成为世界超级企业起了相当大的作用。

索尼也曾因选用“怪才”而创下辉煌业绩。起先索尼的计算机在市场上落后于同行很多。只有及早拿出新产品、新设计，才能后来居上。按常规让科研部门研制新产品至少需要两年时间，显然不利于市场竞争。于是索尼领导出人意料地决定，在企业内公开招标。结果三位被认为是“怪才”的职工中标。尽管不少人反映，他们自尊心太强，缺点太多，清高而不合群，但索尼的管理者却放手让他们“组阁”。课题、经费、时间、设备一切由他们自主决定。结果只用了半年，印有“索尼”商标的NEMS型微型计算机便出现在商店里，其性能高于同类产品，价格却便宜一半，索尼占据了大片市场。一年以后，索尼又推出高速度大型计算机，其研制速度使其他计算机公司大为惊讶。

可见，使用“怪才”能够获得奇效。

无论是对于领导者还是管理者，使用“怪才”，都必须具有超常的度量，**要有珍惜人才之心，同时也要注意尊重“怪才”之“怪”，要注意自己的目标是使“怪才”的“才”得到充分发挥。**

7. 不惜代价地挖掘人才

人才的竞争也是冒险，具有冒险精神，并能在用人之道上有所作为的企业家，才可能成为现代社会的时代英雄。

高待遇挖用人才，其实并不简单的只是一个对知识人才的待遇问题，而是能表现出管理者或企业的信心和对机会的把握的命题。**因为真正的人才身上孕育着让人难以预料的成功机会。**

1923年，美国福特公司的一台马达坏了，公司所有的工程技术人员都未能将其修好，只好请来了一个人。这个人叫斯坦因·曼思，原来是德国的工程技术人员，流落到美国后，一家小工厂的企业领导者看重他的才能而任用了他。福特公司把他请来，他在电机旁躺了三天，听了三天，要了一架梯子，一会爬上去，一会爬下来，最后在马达的一个部位用粉笔划了一道线，写了几个字"这儿的线圈多了十六圈"，把十六圈线拿掉，电机马上运转正常。福特公司给了他一万美元。福特对这个人非常欣赏，一定要他到福特公司来。但曼思因为原来的企业领导者对他非常好，不能见利忘义而拒绝了福特公司。福特为了得到这个人才，便把这个小工厂给买了过来。为了一个人才而把整个工厂都买了下来，这体现了福特对人才的重视。

瑞士有一位研究生成功研制了一种电子笔和一套辅助设备，可以用来修正遥感卫星拍摄的红外照片，这项重大发明引起了全世界的瞩目。美国的一个大企业闻讯后马上派人找到这位发明者，以优厚的待遇为条件，动员他到美国去工作。瑞士一些公司也千方百计地要留住他，于是围绕着这个人才和他的发明，展开了人才争夺战。你给加薪，我也给加薪，争得不可开交。最后精明大胆的美国人说，我们不再一点一点加了，等你们加到最后，我们再乘以五。就这样，这位研究生和他的发明一起去了美国。

在企业管理史上，像这种不惜一切代价来挖掘人才的做法当然还有很多。这种对人才的重视应该作为一切事业的基石，也是真正的企业精神的一部分。要想事业成功，放弃这种精神，那只会是缘木求鱼。

个性突出的人才，大多都有着某种独特的、超人的创造力。这如同没有个性鲜明的特色就不会产生独具特色的商品一样，人才没有超常的性格，就不会有超常的创造力，而作为一个管理者的关键在于知人善用。

第二章
选人有道：选准聘用优秀员工

千里马常有，而伯乐不常有；若没有善相马的伯乐，骏马照样会骈死于贩夫走卒之手。成功的企业领导者，应当首先是一位慧眼识才的“伯乐”。人才到处皆是，但只有准确地选才识才，企业才能成功地得才用才。企业的人力资源管理之道，首推选人。

选人识才的要诀其实并不难：公开竞争才能发现人才，用人之长才能知人善任，科学考察才能客观识才，发掘潜力才能找到并拥有最出色的人；选专才也要选全才，选外才更重选内才。一个不徇私情、不抱偏见的领导者才是具有识才慧目、相才头脑的真正“伯乐”。

一、努力选聘优秀的员工

1. 为企业选拔最好的员工

一个成功的公司，应该努力找到最好的员工，留住最好的员工，让所有人都成为最好的员工。然而许多小公司却难以跨越这一栏杆，他们权衡得失，挑选最好的，付出的工资却是最低的；他们雇佣短期员工，担心在淡季时多付工资。

作为一名公司经营者，你必须不惜重金去找到一些最好的员工，这当然需要花费一定时间、精力和资源，但这种付出的结果是极为有利的。换句话说，**你不能在雇佣员工方面削减开支和保持节俭，否则，你雇佣的只是那些不大中用或根本无用之人。**

招聘员工时，要留心使用一些现代技术，如心理测试、笔迹测试、评价小组等，仅仅凭第一印象选才用人极有可能具有一些欺骗性。如果留意一下现代企业和大型公司，他们都擅用所谓最新的科学技术去检测那些他们所认为的一流人才。

招聘员工是一件具有很高风险的事情，每雇佣一名员工都是冒一次风险，但经营者必须承担这种风险。而企业不可能因害怕风险而不聘用员工。否则，将无法面对竞争者。尽量花些时间测试每一位应聘者，尽力找出他们擅长什么，他们是否真正适合你的工作，他们具有什么工作技能，企业是否容易训练和改变他们等等，应雇佣那些态度积极、性格良好、他们还应诚实勇敢容易与你及其他员工相处的员工。同时，多研究一下他们的应聘材料，了解一下他们的背景，充分进行面试。

招聘员工，不要完全指望第一次面试。第一印象往往会使你错失人才。企业领导人可以带上挑选的候选人员参观一下公司，观察他们对公司的兴趣程度，询问他们一些问题，让他们介绍一下自己所做过的事情，让他们每个人表述一下自己的看法，最后，就可以知道哪些人员是最合适的，哪些人可能比其他人更加出众。

然而，经营者也不能完全依靠自己的判断，越让更多的人参与录用员工，最后的决定就可能越正确。同样重要的是让下属也参与部分工作，所选择的员工应该在每个人面前都有说服力，而不仅仅是领导者自己。**仔细倾听员工事先提出的意见，并慎重考虑，对选人用人绝对是有帮助的。**

找到最好的员工加入自己的公司，这也许是作为企业经营者所面临的一个最大挑战。如果在这一方面决定正确，今后面临的问题可能就更少。最好的员工使经营管理者的工作十分轻松容易，他们与客户相处也十分容易。既然如此，为何不去寻找一些最佳的员工呢？那些不会微笑、不积极主动、根本没有想法的人似乎随处可见，雇佣这样的人只会使你变成像他们一样的企业领导者。换句话说，要为客户提供最好的服务，企业必须拥有最好的员工。

> 选拔、培养和造就最好的员工，犹如为企业注入新鲜的血液，它是企业发展的必要途径。为此，每一位企业的经营者都必须深谙其道。

2. 企业选聘人才的策略

企业无论规模大小，在选聘录用过程中常常需要就下列问题做出回答：

- 企业需要选聘多少人员？
- 如果在企业内外同时选拔，内部选拔以多大比例为宜？
- 什么样的知识、技能、能力和经历是真正必需的？
- 企业应怎样传递关于职务空缺的信息？
- 企业选聘工作的力度如何？

企业用人的目标在于适才适用，上述问题及其答案从某种程度上讲，构成了企业的选聘策略，企业选聘策略结构层面如表 2－1 所示。

表 2－1 选聘策略的结构层面

企业战略层面	人力资源规划层面	策略性选聘
企业期望建立何种经营哲学和使命？ 企业在其所处的环境中存在哪些经营机会和威胁？ 企业组织在经营中的强势和弱势是什么？企业期望达成的目标是什么？企业如何去达成目标？	企业组织期盼员工和工作配合的程度如何？ 现阶段员工生产力、工作满足度和配合程度如何？ 企业应如何去调整其用人政策，以符合企业在其经营环境中的需求？当面对S. W. O. T分析时，应如何规划人力资源？	企业组织希望任用哪些种类和专长的员工？ 组织内外对企业中不同专长背景的劳动力预期供给情况如何？ 企业应执行哪些步骤以甄选符合要求的人才？

当企业慎思其选聘策略的拟定时，须通盘考虑其整体策略规划的起点状况，并顺势形成企业策略性人力规划和选聘录用策略的总目标，经过整体的智慧性思考后，所拟定的选聘策略才可能符合其真正所需。

通常决定企业选聘录用策略的主要因素有以下两个方面：

- 经营环境：复杂性程度、环境变化率、所属产业的竞争性程度和可资聘雇的专业性人才数量等。
- 企业组织：组织结构、组织大小、组织成长速度和其长期雇用政策等。

策略性人力规划的程序为：

- 设定组织目标、组织成长率、组织功能的多样化、并购活动、新产品或新市场的扩张等；
- 设定用人预算，由达成组织目标时所需的用人预算幅度决定；
- 调整其用人数量的需求和外在市场劳动力供给预测；
- 拟定用人计划，包括甄选、任用、调职、升迁和训练等。

选聘策略的选择情境可表示为表 2－2 所示的矩阵图。

表 2－2　选聘策略矩阵图

专才或通才区分 / 工作经验区分		人员专业背景			
		专才（Specialist）		通才（Generalist）	
		人员职业前程发展途径			
		部门内发展	跨部门发展	部门内发展	跨部门发展
相关性工作经验	要求程度高	情境 1	情境 2	情境 3	情境 4
	要求程度低	情境 5	情境 6	情境 7	情境 8

其适用情况大致有 8 种：

情境 1：在较小及成长较慢的企业中采用。以聘用具有经验的专业人才协助企业短期内充实基础。

情境 2：为快速成长的企业所采用。以聘用具有经验的专业人才协助企业求得突破性发展。

情境 3 及情境 4：为快速成长且进行多元化扩张的企业所采用，尤其是矩阵式组织（Matrix Organization），在变动复杂的环境中需雇用具有通识能力的人员以协助企业处理跨部门的作业。

情境 5 及情境 6：雇用较有经验和较宽职业前程发展的专才，以培育企业未来的主力干部，通常为较强调长期雇佣政策的企业所采用。

情境 7 及情境 8：为较大规模及稳定成长的企业所采用，如果外界劳动力市场可资供给的专业人才稀少，则聘用无经验的通才。

环境和组织因素是决定企业选聘录用策略可否周全设计和执行的限制条件。为了企业和员工共同目标的实现，企业必须掌握任用策略的规划与执行，企业须对外界环境和影响其组织的变数做定期性的审视，并适度调整其人员任用活动的策略方向，以保持其经营的活力和竞争力。

企业用人的目标在于量才适用，充分发挥不同的人才各自不同的特点。所以选聘人才必须考虑企业管理的整体策略规划与要求，这是发挥企业管理最大效应的根本要素。

3. 选聘和录用人才的基本原则

(1) 公开竞争原则

组织越是想获得高质量的主管人员，提高自己的管理水平，就越应在选拔和招聘未来主管人员的过程中鼓励公开竞争。按照这一原理，就是要将组织的空缺职位向一切适合的人选开放，而不管他们是组织内部还是组织外部的，大家都机会均等，这样才能保证组织筛选到自己最满意的人员。

(2) 用人之长原则

在主管人员的选聘过程中，要根据职务要求，知人善任，扬长避短，为组织选择最合适的人员。人无完人，每个人都有其长处和短处，只有当他处在最能发挥其长处的职位上，他才能干得最好，组织也才能获得最大的益处。因此，选聘员工，关键在于如何根据职位要求，发挥人的长处，既使候选人能够各得其所，各遂其愿，人尽其才，又能使组织得到最合适的人选。

(3) 选聘条件适当原则

在主管人员的选聘工作中，选聘的依据或条件很多，这些依据或条件好比一排排有序的栅栏，合格的候选人应能顺利地通过每一排栅栏，不能通过的候选人便要被淘汰。栅栏的个数越多，花的时间就越长，费用也越高，候选人无法通过的机会也越多。同时，栅栏定得越高，不能通过的候选人也越多。如果所有的候选人都通不过栅栏，将意味着整个选拔过程的失败；反之，如果栅栏定得太低，所有的候选人都能通过，其结果也毫无意义。因此，决定选聘的依据和条件一定要切实根据组织的目标和这一目标对人员配备职能的要求，根据所需配备人员的职位的性质，根据该职位对候选人的要求等来客观地设计，这样才能既不至于浪费大量的时间、精力和费用，又能够得到组织所需的合适的主管人员。

(4) 注重潜力原则

要注意候选人的潜在能力。有些人在担任现职工作时干得不错，但当被提升到高一级职位时，就不能胜任了。按照“彼得原理”的说法，如果一个主管人员在其职位上有成就，那么正是这种成就导致他提升到更高的地位，以致这人终于“被提升过头”。出现上述的现象，显然是危险的。**但是，若不这样步步提升，也可能出现另一种情况，那就是主管人员的才能可能得不到充分发挥**。因此，这里就有一个正确估计候选人潜在能力的问题。例如，将被提拔的候选人是否有能力处理更大的、更复杂的事务，是否能领导更多的人，是否具有战略头脑等等。只有既考察他在现有职位中表现的才能高低，又考察他有无胜任更高一级工作的潜能，才能既避免那种“被提拔过头”的危险，但同时也不至于浪费人才。

4. 慧眼选用人才的要诀

(1) 根据能力特点选人

人的能力有能质和能级的分别，在选择使用人才时，需要通盘考虑。比如有的人善于辞令，讲话极富有说服力、鼓动性和吸引力；有的则“茶壶煮饺子——肚子里有货倒不出来”，这是人们口头表达能力的差别。单就这一点而言，前者适宜于安排在企业的宣传、公关、推销等岗位上，后者适宜于安排到文秘、科研、资料统计、设计等岗位。

企业在对新职工进行能力判别时，一方面可在试用期给予试验性的工作，另一方面可运用科学方法进行测定。世界上许多企业很早就运用能力倾向测验进行人事安排，我国近年来也开始出现了这方面的试验。如我国上海儿童食品厂运用自己编制的一套对食品生产操作工人进行测验的工具，测定了几十名技工学校毕业生，按照成绩，将他们分为敏捷型（手臂运动灵活性高者）、灵巧型（手眼配合灵巧者）、注意型（注意力分配和动作稳定型测验优秀者）、创造型（创造性思维能力高者）和综合型（各方面测验都较优秀者）。在工作分配上，把敏捷型和灵巧型的人安排在食品生产流水线上任操作工，把注意型的人安排在流水线上任仪表观察工，把创造型的人安排在车间机修岗位或者技术要求高的岗位上，把综合型的人作为技术骨干进行重点培养。经过半年的追踪研究和效度验证，以及对干部和群众进行问卷和面谈调查，发现大多数新职工适应性较强，甚至有的在短时间内就对技术有了新的改革，效果很好。

（2）根据兴趣和气质选人

对人才的能质，不仅要考察反映人才业务素质的智力和技能等因素，而且要考察非智力因素，比如某些个性、心理品质、气质类型和性格特点。之所以要这样，是因为任何一个人能力的实际发挥都不仅仅取决于人才所具有的具体知识和技能，还与人才的许多非智力因素有密切的关系。同样，每一个工作岗位对人才的能质要求也不仅仅是智力方面的，还包括非智力方面的。

①选人时要考虑人的兴趣。大家常说，兴趣和爱好是最好的老师和“监工”。因为当兴趣引导活动时可变为动机，当人产生了某种兴趣后，他的注意力将高度集中，工作热情将高涨。人一旦产生了广泛的兴趣，他就会眼界开阔、想象丰富、创造性增强。**总之，兴趣将使人明确追求、坚定毅力、鼓足勇气、走向成功**。因此，企业在使用人时，除要求专业对口外，也要适当考虑一个人的兴趣。因为任何人的兴趣都是可以变化的，只是程度和速度不一样罢了。比如鲁迅、郭沫若由学医改为当作家；钱学森原是学机电工程的，后来学习空气动力，再后来研究控制论；李四光学的是机械专业，后来却研究起了地质。

②选人时要注意气质类型。心理学将人的气质分为胆汁质、多血质、黏液质和抑郁质四种，不同气质的人能适应不同的工作。比如精力旺盛、动作敏捷、性情急躁的胆汁质人，在开拓性工作和技术性工作岗位上较为合适；性格活泼、善于交际、动作灵敏的多血质人，在行政科室或多变、多样化的工作岗位上更为适宜；深沉稳重、克制性强、动作迟缓的黏液质人，适合安置在对条理性和持久性要求较高的工作岗位；性情孤僻、心细敏感、优柔寡断的抑郁质人，适合安排在连续性不强或细致、谨慎性的工作岗位上。现实生活中的人大多是四种气质的混合体，这里讲的只是有所侧重而已。

如果领导者善于用人，量才而用，用其所长，避其所短，就会使事宜其人，人尽其才，人事相宜，从而使所用之人的主观能动性得到充分发挥。

5. 对选用人才的素质要求

从现代企业经营规律的分析中可知，世界各国企业在人才的选拔上有着许多共同点和相似之处。对于企业渴求的管理人才大都要求具备以下素质：

（1）身体健康

身体健康的人做起事来精神焕发、精力充沛，对前途乐观进取，并能担负起较重的责任，而不致因体力不济而功败垂成。我们往往可以发现，在一件事情的处理过程中，越是能够坚持到最后一刻，才越有机会获得成功。

（2）敬业合群

一个有抱负的人必定具有高度的敬业合群的精神。这样的人乐观开朗，积极进取，并愿将较多时间花费在工作上，具有百折不挠的毅力和恒心。一般而言，人与人之间的智慧虽有差异，但其工作能力的差别应取决于对事情的负责态度和将事情做好的精神，尤其是遇到挫折、身处逆境时也能不屈不挠、不断进取，具有不成功誓不罢休的决心。

（3）团队精神

要想做好一件事，绝不能一意孤行，更不能以个人利益为前提，而必须与企业其他成员不断协调、沟通、商议，集合大家的力量，从整体利益出发，做出为大家所接受并愿意为之奋斗的决定。

（4）领导才能

企业需要不同的人才为其工作，但在选择管理人才时，必须要求其具备领导才能。

某些技术方面的专才，虽然能在其技术领域内发挥作用，却并不一定能完全适合担任主管职位。所以企业对管理人才的培养必须从基层开始，经过各种磨炼，逐步迈向高层，让其担任合适的职位，一展才干。

（5）创新能力

企业的成长和发展在于不断地创新。科技进步的不断加快，商场竞争的瞬息万变，使得满足现状的人随时可能落伍。

企业的一切工作都必须不断创新，创新才是致胜之道，没有创新便不能发展，只有根据新情况，采取新措施才能使企业不断发展。

(6) 适应性强

企业在选择人才时应注重人员适应环境的能力。应避免选择个性孤僻的人，因为这种个性的人较难与人和睦相处，往往会干扰工作场所的气氛。

一个人初到一个陌生环境必然有一个适应的过程，他应迅速适应这个群体，服从于这个群体的文化，这样才能有助于群体发展，同时也使自己在群体中得以发展。

(7) 反应能力

反应的敏捷是处理事情成功的必备要素，一个人必须反应迅速才能将事务处理成功。反应迅速才能把握时机，促使事情成功。

(8) 举止得体

一个再有学识、再有能力的人，倘若在品行上不能把握分寸，势必影响其公众印象。**谈吐反映一个人的学识和修养，要经过不断自我修养，才能水到渠成。**一举一动要得体，否则将给自己带来负面效应。

(9) 求知务实

一个讲原则、有抱负、脚踏实地、实事求是的人才能完成自己所承担的任务。学习如逆水行舟，不进则退，他必须对新知识充满兴趣，不断充实自己，力求突破，而不是故步自封，最终阻碍企业的发展。

(10) 诚实和责任感

韩国十大财团之一的三星财团创业之勋，享有“经营奇才”“经济界的巨星”之称的经营者李秉哲的人才标准是：“具有积极性、创造性和诚实的品质。”其中重要的一点就是诚实的品质。他所说的诚实性和责任感，就是凡事能开诚布公并具有责任意识，工作周密细致，能与人和睦相处。

李秉哲希望三星人都是能以“三星”为骄傲和行动上光明正大的人。

他说："每次选拔新社员时，我总希望他们以后能成为优秀的社员或有能力的社员。以后能成为社长的社员，其素质并不是由学历决定，最重要的在于诚实的品性。"

(11) 对人态度

一件事的成功很大程度上取决于办事者待人处事的态度。对人态度必须诚恳、和蔼可亲，运用循循善诱的方法说服别人，以赢得别人的共鸣，才能促使事情做成功。

以上这些对一个经营者来说是不可或缺的。尽管我们说对人才不要求全苛责，但以上这些都是企业经营者应具有的基本素质，我们在选拔企业管理人才的时候应以此为参照依据。

二、企业成功选人的要诀

有道是"功以才成，业由才广"，因而成就事业的最关键因素就是需要有一支高素质的人才队伍。作为企业家和企业经营者、管理者，都需要掌握选用人才的要诀。

1. 选用各类不同人才的要诀

无论是从企业外部公开招聘人才，还是从企业内部选拔人才，都需要掌握选才的技巧。

(1) 挑选经营人才的要诀

挑选经营人才要当心熟面孔。千万不要仅仅因为某人在你们的行业里卓有声誉就去聘用他，最后你可能会感到他所熟悉的是自己的行当，而不是你的业务。

挑选经营人才要考虑客户的需要。例如，某公司曾经聘请过一个高尔夫球手在公司的高尔夫部门工作，然而公司主管很快就明白了，很难将一个人从巡回比赛的旅途中拉出来，绑到办公桌后面，并且指望作为他的对手的高尔夫球员们接受他并承认他是管理自己的事业与收入的专家。客户们会不可避免地说："他不过是一个高尔夫球员，他懂什么?"

某公司在雇一个退役职业足球运动员来管理公司的团体运动部时也遇到了同样的问题。足球运动员们并不需要一个懂足球的人，他们所需要的是一个在签订合同及管理金钱方面有丰富经验的人。

（2）挑选领导者身边的人的要诀

除了秘书之外，领导者身边要有精明的经营者。

美国的汽车经营商阿尔诺德·帕尔梅在开创他自己的汽车销售业务时，对这一行一窍不通，因此他聘用了一家大汽车制造企业的一个部门总经理来管理这项业务，并相信这位先生是这一行的专家。

不幸的是，这位先生对汽车行业的了解是站在一个制造商的角度，而不是经销商的角度。他从未卖过一辆汽车，并且习惯于担任拥有一大群下属供其发号施令的部门经理，所以已不习惯在艰难中创业。更糟糕的是，他极容易接受工厂的意见。在汽车行业，经销商必须与工厂进行激烈的较量才能拿到抢手货，他这种态度可以说是致命的弱点。

阿尔诺德后来聘请了一位与汽车行业不相干的精明能干的商人，这个人曾管理过自己的生意，非常了解公司的管理费用，对降低成本极有热情。如果有人对他说："这件事一直就是这样做的"，他一定会想方设法另辟蹊径。最终他使公司的业务日渐繁盛。

领导者身边要时常保留几个敢说真话的人。

在决策的场所，如果全是一个腔调，没有任何不同意见，不可能做出正确的决定。事实上，许多人在上司面前，都喜欢讲上司爱听的话，从而造成"偏听则暗"。为了避免这种情形，应在身边部署几个敢说真话的家伙，他们不会轻易承认事物表面价值，敢于提出不同意见，从而带动大家畅所欲言。

领导人录用身边的工作人员，并不是要求每个人都精明能干，而应根据工作的不同需要，分别录用不同的人才，从而将不同类型的人组合成一个有效率的整体。比如，找个能听你诉苦的部下，也是需要的。在现代社会，由于生活节奏快，人际关系复杂，竞争压力大，每个领导者都有一本难念的经。这种苦闷和压抑久积于心，经年累月，便会导致神经衰弱，让人难受。这样，找个能听你诉苦的部下，以倾泻心中的苦闷，便可大大减轻领导者精神上的压力。

（3）选择谈判人员要诀

谁都知道，谈判活动是一种内容复杂、参加人员较多的商务活动，需要人多方面的能力。如在谈判中要陈述我方的立场、观点，说服对方做出妥协、让步，这需要一定的语言表达能力；根据对方的情绪、表情的变化，推测其心理活动，调整对策，又需要敏锐的观察注意力；当双方就合同的主要条款讨论协商后，进行拍板定案时，决策能力又是十分必要的了。由于谈判人员所具备的能力及其水平的发挥直接影响谈判的效果，每一家公司都很重视谈判人员。

因此，对于谈判人员的选择，必须要看他（她）是否具备了应有的能力，即语言表达能力、观察注意力、记忆力、判断力、应变能力、决策能力等。

①语言表达能力。商务谈判，语言表达能力对谈判人员来说是十分重要的。对谈判人员来说，**首先要能够用准确、规范的语言陈述立场、观点，提供信息，交流感情，说服对方**。这是对谈判人员语言表达能力最起码的要求。

②观察注意力。谈判中，察言观色是很重要的。稍加注意，你就可以发现，不论是个别交谈，还是小组聚会，谈判人员的表情、神态是很不相同的。人们的各种表情、神态及变化，都在传递某种信息，对这些信息的捕捉，就靠我们的观察注意能力。

在谈判中，观察注意力较强的谈判者在与对方的简单接触中，就能很好地发现对方的特点、爱好，甚至经历，并据此做出相应的推断。这非常有助于谈判人员的相互沟通、了解。

③记忆力。良好的记忆力对谈判人员是十分重要的。它不仅有助于谈判人员更好地掌握各种信息、情报，处理洽谈中的各种问题，而且还会增加个人的魅力，给对方留下良好的印象。

在谈判中，记忆就像一架摄像机，能不花任何成本记录下谈判场合中双方的言行，以备在需要时随时取用。记忆提醒你曾允下的诺言，熟悉接触过的人物，积累更多的经验。

④判断力。良好的判断能力对谈判人员来说也很重要。谈判专家认

为，谈判是人们所从事的工作中最困难的一种，一个优秀的谈判者需要具备其他职业中所不常见的特质，这就是良好的职业判断力。

在商务谈判中，良好的判断能力会使谈判人员及早地洞察问题或分歧的关键所在，准确地分析、预见事物发展可能产生的各种结果，从而确定相应的策略，决定买卖的取舍。

⑤应变能力。应变能力是指人对突然发生的情况或尚未料到的情况的适应、应付能力。在谈判活动中，常常会出现各种意外的突发情况，如果谈判人员不能很好地应付和处理，就会陷于被动，甚至功亏一篑，导致谈判失败。

⑥决策能力。决策能力是谈判活动中比较重要的一种能力。当谈判人员就交易的具体内容协商讨论之后，进入拍板决策阶段，是签合同，还是不签，需要谈判人员做出决断。

选择谈判人员并不是件容易的事。也许在某些方面他符合你的心意，也可能在另一方面又不合你的心意。比如个性强，有独断倾向的人，谈判倒是干脆利落，但很有可能超越了你的授权范围。**因此，在考虑谈判人员时，应综合各种因素加以考虑，因事而异、因地而异，选派不同的谈判人员。**

(4) 挑选营销人员的要诀

营销员的选择对企业来说是件相当重要的事。在选择营销员时，不妨有意识地从几个方面衡量一下，被你选择的对象是否具有这些素质。一个书生气十足的人是不可能具有这些素质的。**他要有丰富的营销经验，有相当高的教育程度，又有出色的智力。**智力对营销工作来说是取得成功的必备条件，但又不必要求过高，如果他是一个智力高超的人，他就不会安心做营销工作了，很可能辞职而去。

在选择营销员时，还要注意这样几方面：被选择的对象，要安心做营销工作，能够吃苦耐劳，以保持这一职位的人员的稳定性，否则，如果经常更换营销员，永远是一个新手来做营销工作，对企业就会造成极大的损失；被选择的对象，要具有很强的事业心，把办好企业作为自己的奋斗目标，为了达到这个目标，甘愿吃苦，即便每天从清晨8点出门登门拜访第一个顾主，一直跑到晚上10点，他也毫无怨言；被选择的对象还要具备对企业忠诚的素质，他应该是一个忠诚老实的人，而且他要凭着这种忠诚去感动他的营销对象；被选择的对象还要善于辞令、措辞准确，比如，他在营销酒时，桶里还剩半桶酒，当别人问到他桶里有多少酒时，他应该说“只剩半桶酒了”，不应该说“还有半桶酒”。因为两者大有出入，后者给人一种酒卖不出去的印象，而前者则告诉人们酒不多了，快买吧。营销员应该学会前者的说法。营销员选择好了以后，就要抓紧对他们进行培训。要通过培训，使他们克服以下几种“天然素质”：过分体贴、同情顾客；办事、说话缺乏弹性；不乐意做营销工作等。

2. 以公开招聘的方式吸纳人才

吸纳优秀人才的方法多种多样。现在流行的方法，主要靠公开招聘的方法，也采用其他一些辅助方法。

(1) 公开招聘的具体步骤

公开招聘是指企业向企业内外的人员公开宣布招聘计划，提供一个公平竞争的机会，择优录用合格的人员担任企业内部岗位的过程。这个过程可分为以下几个步骤：

①刊登广告。在公开招聘中，刊登广告是重要而关键的第一步骤。只有在适当的时机，运用适当的渠道，刊登适当的广告，才能吸引企业所需要的人才来应聘。**如果应聘的人素质不高，或人数太少，企业很可能招聘不到合适的人选。**

②报名。在规定的时间内，要求应聘者到指定地点报名是公开招聘的第二步骤。根据招聘的需要设计相应的报名程序，最简单的报名程序是：领取报名登记表、填写表格、上交表格。有的需付报名费，目的是为了限制名额；有的需交附加材料，是为了了解应聘者的某些资格；有的故意使报名程序很复杂，以便了解应聘者的耐心和决心。

③招聘测试。招聘测试是公开招聘中的第三步骤，也是十分重要的步骤。由于招聘岗位不同和应聘人数不同，测试的方法可简可繁，具体操作请参阅本书有关章节。

④筛选。筛选是公开招聘的第四步骤。根据应聘者的测试结果、背景

材料和工作经验，初步决定合格者的名单。**一般合格者的名单应比需要招聘的人数多一点。因为有许多因素可能使合格者不能如愿以偿。**

⑤录用。录用是公开招聘的第五步骤。即最后决定应聘者录取名单。向应聘者发出录用通知，告诉其何日何时来何地报到。

(2）设计公开招聘广告

招聘广告是企业员工招聘的重要工具之一，设计的好坏，直接影响到应聘者的素质。这里主要介绍运用最多的报纸招聘广告。

招聘广告的设计原则主要有以下几点：①准确；②吸引人；③内容详细；④条件清楚。

招聘广告的内容主要有以下几个方面：

- 本企业的基本情况；
- 是否经过有关方面批准；
- 招聘人员的基本条件；
- 报名的方式；
- 报名的时间、地点；
- 报名需带的证件、材料；
- 其他注意事项。

(3）公开招聘广告中应注意的问题

①歧视问题。目前广告中的歧视问题还是比较明显的，一是性别歧视问题。在许多工种中都注明要求应聘者是什么性别，其实绝大部分工种男女均可以胜任。二是年龄歧视问题。许多广告中都注明多少岁以下者可以应聘，这一方面使企业失去一部分有才华的，但年龄稍大一点的人才；另一方面使上了一定年龄的人失去公开竞争的机会。三是学历歧视。**有学历的人不一定能干，没学历的人不一定不能干。**另外还有非名牌大学歧视、区域歧视、籍贯歧视等，我们在设计广告时应该重视这些问题。

②报酬问题。目前中国的招聘广告中很少直接提及这个问题，而这个问题恰恰是招聘广告中的一个核心问题，许多人应聘是冲着高工资、高待遇来的，而我们大多数广告却在这个问题上含糊其词。其后果是：一方面

许多优秀人才不知道可能获得多少报酬而不愿意应聘；另一方面许多应聘者一旦了解了企业的真实报酬后，不愿意被录用；同时浪费了企业和应聘者的时间、精力和金钱。至于企业不愿公开其报酬可能有其难言的苦衷，但应该通过合法途径加以解决。**在广告中含糊其词是有百弊而无一利的。**

③资料问题。国内大部分报纸招聘广告都注明一条：资料恕不退还。资料本是应聘者的私有物，因为信任应聘企业才寄来的，既然不用理当退还。如果说，企业需要留底，可以征求应聘者同意后复印留底；如果说，企业没钱支付邮资，似乎更站不住脚。有许多有声誉的大企业为了树立企业形象，感谢应聘者的信任，对每一个应聘者都热情款待，或送一点小礼品，怎么会无钱支付邮资呢？

④上门问题。国内大部分报纸招聘广告还都注明：谢绝上门。这又是一个值得探讨的问题。**上门面谈本是了解应聘者的一个极好机会，理应由专人负责接待来访者。**如果担心影响有关部门的正常工作，可以安排一定的时间接待应聘者；如果担心进出企业的人员太多，可以在门口安排一个接待处。其实，应聘者上门是企业与应聘者相互了解的大好机会，企业可以因此而了解更多有关应聘者的信息，挑选合格的人选，何乐而不为呢？

3. 及时地对企业内部员工进行选拔

从内部提升是指组织内部提拔那些能够胜任的人员来充实组织中的各种空缺职位。它意味着组织中的一些人将从较低的职位被选拔到较高的职位，担负更重要的工作。实行“内升制”一般要求在组织中，建立起详尽的人员工作表现的调查登记材料，以此为基础绘制出主管人才储备图或建立数据库，以便在一些主管职位出现空缺时，能够据此进行分析研究，从而选出合适的未来主管人员。

(1)“内升制”的利弊分析

许多组织都赞成从内部选拔提升人员，因为他们认为，从内部提升有许多优点，有利于组织目标的实现，这些优点主要如下：

①由于对组织中人员有比较充实和可靠的资料供分析比较，候选人的长处和弱点都看得比较清楚。因此，一般来说，选人比较准确。

②被提升的组织内部成员对组织的历史、现状、目标以及现存的问题比较了解，能较快地胜任工作。

③可激励组织成员的上进心，努力充实提高其自身的知识和技能。

④组织成员感到有提升的可能，工作有变换的机会，可提高员工的兴趣和士气，使其有一个良好的工作情绪。

⑤可使组织对其成员的培训投资获得回报，获得比当初投资更多的培训投资效益。

尽管“内升制”有许多优点，但它也存在一些不可忽视的缺点：

①当组织对未来所需主管人员的供需缺口比较大，即组织存在较多的主管空缺职位，而组织内部的主管人才储备或者在量上不能满足需要，或者是在质上不符合职务要求时，如果仍然坚持从内部提升，就将会使组织既失去得到一流人才的机会，又使不称职的人占据主管职位，这对组织活动的正常进行以及组织的发展是极为不利的。

②容易造成“近亲繁殖”。由于组织成员习惯了组织内的一些既定的做法，不易带来新的观念，而不断创新则是组织生存与发展的不可缺少的因素。

③因为提升的人员数量毕竟有限，若有些人条件大体相当，但有的被提升，而有的仍在原来的岗位，这样，没有被提升的人的积极性将会受到一定程度的挫伤。

(2) 坚持互补原则，防范“任人唯亲”

从企业内部员工中提升人员，最需要注意的问题是防范“任人唯亲”。

①选人不徇私情。**选用人才的第一条原则就是唯才是用，而不是唯亲是用**。下面我们将以世界顶级管理大师松下幸之助的一段用人心得来说明这一点。他说：“任用年轻人时，不仅是授予职位，叫他好好努力，还要给予适当的补助。”这一点很重要。经营者如果没留意到这件事，公司业务就无法顺利进行。

人事任用时，总经理决不可以徇私。不可以依据个人好恶，而要以“能否胜任”为准则。这是基本条件。不能说“这个人能干是能干，却令人讨厌”，或者“他虽然没什么本事，却是我欣赏的类型，就让他做科长吧！”要把情形搞清楚，虽然从心里讨厌他，但这件事除了他以外不做第二人想，就只好向他低头了。经营者一定要彻底做到这一点。

这是人事工作上的基本要求。**唯有不徇私的态度，才能获得其他员工的接受、协助。**

②量才而用与不聘朋友。部门的员工间或是科长级同事间，有时会产生对立，以致人际关系不能顺利发展，这是不好的现象。但大家都是凡俗的人，人际的摩擦是在所难免的，所以还是要承认有某种程度的对立存在。因此身为管理者，要多考虑怎样运用人事调动，互相补充协调，尽量减少这种对立。

比如说，三个科长共同管理同一部门时，即使三个人的性格相近，实力又相当，意见也总是会有分歧的。所以最好的调配是：一个富有决断力，一个富有协调力，另一个富有行政力，共同组成一个理想的业务队伍，这么一来便能效率高而对立少了。

4. 国外著名企业选聘人才的独特做法

(1) 微软公司选聘"聪明人"

比尔·盖茨认为，"聪明"就是能迅速地有创见地理解并深入研究复杂的问题。具体地说就是：聪明人一定要反应敏捷，善于接受新事物；他能迅速地进入一个新领域，对之做出头头是道的解释；他提出的问题往往能一针见血，正中要害；能及时掌握所学知识，并且博闻强记；他能把原来认为互不相干的领域联系在一起并使问题得到解决；他富有创新精神和合作精神。对"聪明人"的寻求，微软有它自己一套严格的招聘制度。

在微软公司成立初期，比尔·盖茨、保罗·艾伦以及其他的高级技术人员对每一位候选人进行面试。现在，微软用同样的办法招聘程序经理、软件开发员、测试工程师、产品经理、客户支持工程师和用户培训人员。微软公司每年为招聘人才大约走访50所美国大学。招聘人员既去名牌大学，同时也留心地方院校（特别是为了招收客户支持工程师和测试员）以及国外学校。被面试者在一天之内将与4－6位面试者交谈。有希望的候选人还要回微软公司总部进行复试。微软公司总部的面试工作全部由各职能部门的人员承担，开发员承担招收开发员的面试工作，测试员承担招收测试员的全部面试工作，以此类推。面试交谈的目的在于抽象地判定一个人的智力水平，而不仅仅看候选人知道多少编码或测试的知识或者有没有市场营销的特殊专长（在判断新员工四种重要的素质，即雄心、智商、技术知识和商业判断能力中，智商被列在最重要的位置）。微软面试中有名的一般性问题包括：估计密西西比河河水的流量或美国加油站的数目。**被面试者的答案通常不重要，而看重的是他们分析问题的方法。**更为具体地讲，总部层次的招聘是通过“各部门专家自行定义其技术专长并负责人员招聘”的方法来进行的。例如程序部门中经验丰富的程序经理用以下两个方面来定义合格的程序经理人选：一方面，他们要完全热衷于制造软件产品，一般应具有强烈的设计方面的兴趣以及计算机编程的专业知识或熟悉计算机编程；另一方面，他们能专心致志地自始至终关注产品制造的全过程，他们总是善于从所有想到的方面来考虑存在的问题，并且帮助别人从他们没想到的角度来考虑问题。又如对于开发员的招聘，经验丰富的开发员寻找那些熟练的 C 语言程序员，同时还要求候选人具备一般逻辑能力。

(2) 可口可乐公司的选人秘诀

美国杂志刊登了可口可乐公司的总裁在寻觅人才时很注重的三个方面的问题：

- 必须精力充沛。有精神、有气派。这样的人可以走长途，可以感染别人，适应环境；
- 正直很重要。会不会为公司利益考虑。这并不是要他牺牲自己，而是要在为自己考虑的同时，考虑到部门、公司的利益，要有社会责任感；
- 要有慧眼和胆识。即有放弃过去的观念，丢开书本，离开本专业进行思考的能力和魅力。

管理学家乔治·奥迪约姆指出了优秀经营者明显的主要特征：**明星人物有超乎其所承担任务的工作能力，通常他能完成更多的工作，且取得更好的成绩。**

他认为至少可想出七个问题，以识别企业人才：

①他们有没有雄心壮志？明星人物必定有强烈的取得成就的愿望。他通过更好地完成工作，不断地去寻求发展的机会。

②有无需要求助于他的人？这个问题的答案很重要。如果说你发现许多人需要他的建议、意见和帮助，那他就是你要发现的明星。因为这说明了他具有解决问题的能力，并且他的想法被别人尊重。

③他能否带动别人去完成任务？如果他能动员别人进行工作以达到目标，这足以显示其具有解决问题的能力，并且他的想法被别人尊重。

④他是如何做决定的？一个有才干的经营者，往往能在需要的信息、条件具备时立即做出决定，并能迅速转变思想和说服别人。

⑤他能解决问题吗？如果他是一个勤奋的人，他从不会到企业领导者那里说："我们有问题。"只有在他解决问题后，他才会到企业领导者那里汇报说："刚才发生这样一种情况，我们是这样处理的，结果不错。"

⑥他比别人进步得更快吗？**一个明星人物通常能把上级交付的任务完成得更快、更好，因为他们勤于做"家庭作业"，他随时准备接受额外的任务**。他认为自己必须更深一步探索而不能只满足于懂得皮毛。

⑦他是否勇于负责？勇于负责是一个经理人员所应具备的关键性条件。

国内外著名企业的兴衰成败史昭示：得人才，则企业必兴；失人才，则企业必衰。每一个企业，都应该根据自身的实际情况，形成一整套行之有效的甄别、选择人才的方法、途径和方案，把真正的英才罗致于自己的麾下。

第三章
用人如器：人尽其能展示风采

很少有不知人才的宝贵与重要性的管理者；但用才有谋、用才有术的管理者却不是很多。说到底，能否做到以信用人，因才用人，真正做到“用人如器”，才是衡量领导者用人水平高低的标准。

用人如器，是指用才而不疑，授权而有信，用人不拘一格。只有知才爱才，人才才会涌来，也只有信人育人，人才才会尽责。任何人都是有缺点的。敢用有争议的人才，敢赋予员工更多的信任和责任，当是管理者超人的智慧与用人的艺术。善于用人之长，提携后进员工，当是管理者的领导魅力与用人智慧的体现。

一、用人以谋，育才有方

用人需要智慧，从某种意义上说，用人是难以掌握的领导艺术。在用人的同时还需要育人，即不断地用新思想、新理念、新知识来培养人。精明的企业家都懂得，辨才委以重任，才能借用人才的力量；培育可用之才，才能使企业不断发展和持久繁荣。

1. 以信用人，充分地信任员工

“信”是立身之本，也是经营之道，更是用人之谋。企业经营者在用人中应当充分地信任员工，用才而不疑，授权而有信，绝不以少数人的流言蜚语而左右摇摆，不因员工的小节而止信生疑，更不宜捕风捉影、无端地怀疑。

相信受任者能完成任务，相信成员对本部利益的忠心，给受挫者成功的机会。

发现员工真的产生了反叛之心，并非忠心耿耿之士，那就要采取果断行动，将其剪除而后快。

用人不疑是用人的一个重要原则。

当然这个“不疑”是建立在自己择用人才之前的判定、考核基础上。不用则罢，既用之则信任之。领导只有充分信任下属，大胆放手让其工作，才能使员工产生强烈的责任感和自信心，从而焕发员工的积极性、主动性和创造性。

所以说，**一旦决定某人担任某一方面的负责人后，信任即是一种有力的激励手段，其作用是强大的。**

试想一下，使用别人，又怀疑他，对其不放心，是一种什么局面；试想一下，在你的公司里，如果员工得不到你起码的信任，其精神状态、工作干劲会怎样？假如你的公司职员情绪欠佳，精神沉郁，怨懑丛生，上下级关系怎么能融洽？这种彼此生疑生怨的状况，常是导致企业瘫痪的主要原因。

信任你的员工，实际上也是对员工的爱护和支持。古人云：“木秀于林，风必摧之。”特别是对于担当生产、销售、试验、拓展、探索者角色的员工而言，容易受人非议、蒙受一些流言蜚语的攻击。那些敢于直面领导错误，提建议、意见的；那些工作勤勉努力犯了错误并努力改正的，领导的信任是其最后的精神支柱，柱倒而屋倾。在此种状态下，领导者切不可轻易动摇对他们的信任。

企业领导者对员工信任的同时，对员工一定要坦诚。如果出现变故及不利因素，有话要说到当面，不要在背后议论员工的短处，对员工的误解应及时消除，以免积累成真，积重难返。

有了错误要指出来，是帮助式的而不是非难指责式的，相信你的员工不是傻子，好意歹意心中自明。总之，与员工经常保持思想交流非常重要。

说到信任问题，其实它是两个彼此相处的人应该具有的一个基本的和必要的要素。两个陌生的人在一起，彼此防范，没有什么信任。而一旦人们通过某种渠道互相认识熟悉后，彼此渴望的就是一种信任。

互相看不惯的人很难有信任可言，嫌隙的存在是关系恶化的起端，离自己越近越亲的人，你应该给他越多的信任。对朋友，应该推心置腹。在一个企业里，副经理、部门经理之于总经理，一般职员之于部门主管，可称为手足或臂膀，理应得到很多的信任。如果你不给他们信任或给他们的信任不够多，都会影响到他们的工作。

要谨慎对待各方面的反映，不因少数人的流言蜚语而左右摇摆，不因员工的小节而止信生疑，更不宜捕风捉影、无端地怀疑。而且在信任的程度上，离自己最近的、最亲的人，给他们以更多的信任，更广泛的、更高质量的信任，因为他们非常需要感受到被信任，你一定要记住这一点。

日本松下电器公司的前总经理松下幸之助用人的原则之一就是用而不疑。松下电器在创业初期就以价廉物美的产品名扬四方，这是他在博采众家之长的基础上加以创新而成。一般说来，在商品竞争激烈的情况下，发明者对技术都是守口如瓶，视为珍宝，最多只透露给亲友或者家人。但是，他却十分坦率地将秘密技术教给有培养前途的下属。曾有人告诫他：“把这么重要的秘密技术都捅出去，当心砸了自己的锅。”但他却满不在乎地回答：“用人的关键在于信赖，这种事无关紧要，如果对同僚处处设防、半心半意，反而会损害事业的发展。”

当然，松下公司也发生过本公司职工“倒戈”的事件，但是松下幸之助坚持认为：要得心应手地用人，促使事业的发展，就必须信任到底，委以全权，使其尽量施展才能。这是他根据自己的亲身体验而建立的人生观和经营哲学。

用而不疑，是一条重要的用人原则。当然，这条原则是与疑而不用的用人原则联系在一起的。在思想上、道德品质上有疑点的人，在能力上力不胜任的人，**总之一句话，凡是经过考察、认真研究，觉得不可信任之人，则一定不要用**。如果失之斟酌，盲目错用，就会自食恶果。对于人才一旦委以重任，就要推心置腹，充分信任，大胆放权，决不干预。领导者对人才只有信任，才能放手让人才独立自主地行使职权，只有人才有了独立自主的地位，方可充分发挥其各种才能，只有信任，才能使得人才忠心不渝地献身事业。

现在人们常说的一句话是：“企业竞争的制高点是人才。”而用人不疑是发挥人才作用的重要原则。用而不疑起码要达到：

①相信受任者能完成任务。古人云：“既任须信，既信须终。”对于任何任务，领导者在选人时要三思而后行，但一旦确定人选，就不要轻易地更换。千万不可一方面让其担当某项重任或参与某项工作，另一方面又怀疑其完成任务的能力。

领导者只要把某项工作任务交给有关人员后，一定要相信他们能够完成任务。当然，对他们提出明确的目标要求，实行一定的监督检查，进行适当的指导帮助，都是应该的，而这一切都是为了帮助他们更好地完成任务，绝不是干扰妨碍他们的工作，束缚他们的手脚。即使受任者的能力略低一些，也不可疑首疑尾。首先，这种略超能力的使用，使人才处于“超载”的工作状况中，产生不适应感和奋力向上的紧迫感，为完成领导交给的任务最大限度地发挥自己的才能和潜力。这有利于人才的培养和事业的发展。其次，让人才早担重任，在实际工作中摔打、锻炼和成长，就能使其在实践中不断提高工作能力。

②相信成员对本部利益的忠心。团体成员之间，既然大家走到一起来了，就应精诚团结，同心同德，为完成共同的目标而奋斗。尤其是领导者

对待部下，更要以诚相待，切忌对张三怀有戒意，对李四放心不下，满腹狐疑，最后闹个互相猜疑，分崩离析。

2. 企业用人应以“攻心为上”

只有知才爱才，才有“士为知己者死”。这一用人法则与规律在现代企业中也同样有效，特别是对那些怀才抱志的知识人才来说，更是如此。因此，**用好人才的最有效途径就是做他们的知己，了解他们的内心要求，然后攻其心而用人**。这是用人中最为成功的方法。

草创时期的美国福克斯莫罗公司，急需实现一项生死攸关的技术改造。总裁福克斯为这项技术终日食不甘味，寝不安席。一天深夜，一位工程师拿着一台确能实现此项技术改造的原型机闯进了总裁的办公室。这台原型机性能高超，使用方便，正是福克斯梦寐以求的东西。总裁看后，高兴得手舞足蹈，不知怎样感谢这位工程师才好。他弯下腰来把办公室的抽屉翻了个遍，总算找到了一样东西，于是他躬下身真诚地对那位工程师说：“这是给你的奖赏！”原来他给工程师的竟是一只香蕉。这是他当时能拿出来的唯一表示他的感激之情的东西。此后，一只香蕉演化成了一支小小的香蕉形的金别针，这成了该公司对科学技术成果的最高奖赏，而得到这种“香蕉”的人，也以此为最宝贵的赏识和光荣。

这个故事向人们揭示了这样的事实，对于知识人才来说，重要的并非是物质上的利益，而是爱惜和珍视。应该说，投一分珍视，就会得到十分的回报。

美国的斯凯特朗电视公司总裁阿瑟·列维就是一位能体恤部下，爱惜人才的企业家。

为了研制闭路电视，列维录用了一位颇有才干的青年技师比尔。比尔一上任，就一头钻进实验室，整整干了一个星期。在工作最紧张的时候，比尔一连几天都不离开实验台，连饭食都是请人给他送去的。

实验告一段落后，疲惫至极的比尔好像老了十来岁，他倒床就睡，过了一天一夜才醒过来。

看到因休息不足而眼窝深陷、神情疲乏的比尔，列维深受感动。他拉着比尔的手，真诚地说："我希望你改变一下工作方式，否则，我决定停止闭路电视的研制工作。"

"为什么？"比尔一时没有反应过来。

列维心疼地说："因为像你这样不分昼夜、不顾性命地工作，不等新产品问世，你就垮了。我宁愿不做这种生意，也不愿意赔上你这条命。"

比尔为列维对自己的关心感到激动和宽慰。他说："不会的，我已经习惯了，凡是搞我们这种研究工作的人都这样，已经习惯了。"

列维听了这话，眼泪都快流下来了。他有些伤感地说："是的，搞研究的人少有长寿者。但我希望你能节制一点。虽然我们相处时间不长，可我知道你已经竭尽全力了。对我来说，这就足够了，就算研究不成功，我也不会责怪你，你也用不着为此而自责。"

比尔对此非常感动，萌发出一种愿为列维"赴汤蹈火"的豪情和勇气，这以后，他一如既往，夜以继日地工作。

不到半年，闭路电视终于研制成功。这项新技术的问世，为斯凯特朗电视公司的进一步发展奠定了坚实的基础。

要攻知识人才的心，不仅要关心他们的身体，关心他们的生活，更重要的是要做他们的知己。"人生得一知己足矣，斯世当以同怀视之。"只有当管理者与知识人才成为知己，无论是合作、默契、还是贡献都将是不成问题的。

公司用人，其实最忌讳的，就是把知识人才只当作工具，当作一架机器，而不进行感情投入。因此企业用人，最有效的方式，就是与人才进行心灵情感上的沟通，建立合作的默契的关系，这样的企业几乎没有克服不了的困难。

3. 对不同类型的人才委以重任

人才的价值只有在合理的使用中才充分体现出来，因此，经营者要用人有方，以人为本，把人力资源开发到最大限度，使员工与企业比翼齐飞。

现代企业家，已经没有一个人会愚蠢到怀疑人才的作用了。在一向以技术立国、重视利润的美国，有人提出一句简单而深刻的口号："人，是我们最重要的资产！”这句话已成为美国大小企业领导者的信条。

认识到人才的重要性是很必要的，但更重要的是如何识人用人。美国著名管理学家彼得·德鲁克在《有效的管理者》一书中，对人才的看法有过这样一段精辟的论述：

“倘若所有的人都没有短处，其后果至多只能是一个平凡的组织。所谓样样都是，必然一无是处。才能越高的人，其缺点也往往越明显。”这句话给我们的启示无非是选人用人之际要扬长避短，使每个人的专长都能得到充分的发挥。我国古代战略家张预曾言道：“任人之道，使贪、使愚、使勇，各任自然之势，不责人之所不能，故随材大小，择而任之。”

那么，企业到底需要哪些类型的人才呢？经营者又将如何任用呢？

（1）通灵型人才的任用

这类人才一般知识面广博，基础深厚，有很强的综合、移植、创新能力，能够在全局的高度上集思广益、上下协调，善于应付多层次、多角度的问题。这类人才不可多得，一般适于担当常务管理工作或在枢纽部门任职，如总调度员或办公室主任等职位。

（2）创新型人才的任用

这种人才有能力、善应变、敢拼搏、行动富于风险性、思路新颖、赶超之心重。任用这类人员时，一定要委以独立重任，并极端注重工作方法。**这类人员是开拓局面、打开通路所必需的，这类人才适合新产品开发部门或营销部门的工作。**

（3）实干型人才的任用

实干型人才是任何组织都应必备的人才。这类人才埋头实干、有吃苦精神、注重工作效率和质量，领导者应对这类人才适当加以保护和关爱。其最适合的工作无疑是公司最主要的业务部门或主要产品的产销部门。

（4）缜密型人才的任用

缜密型人才的一大特点就是忠于职守，这是任何时代、任何领导都欢迎的人才。这种人才不贪功取巧，踏实认真，归属感强，无疑是财务部门、审计部门的最佳人才。

经营是一门艺术，正如任何一项技术上升到令人赏心悦目的高度都是一门艺术一样。**“好瓦匠没有用不了的砖。”一个出色的领导者，必须要能量才用人，使人尽其才、物尽其用。**那么，如何鉴别一个人才的类型呢？这个问题无疑是政治家和军事家们研究了几千年的老问题了。下面这段文字便是《六韬》中的“选将之道”，精辟之极：

“太公曰：知之有八征。一曰问之以言，以观其辞。二曰穷之以辞，以观其变。三曰与之间谍，以观其诚。四曰明白显问，以观其德。五曰使之以财，以观其廉。六曰试之以色，以观其贞。七曰告之以难，以观其勇。八曰醉之以酒，以观其态。八征皆备，则贤不肖别矣。”

现代的人才争夺战中，各种手段无所不用，虽然一些特殊手段可能会随着时代变化而被淘汰，但多方面的考察还是十分必要的。

①工作经历和工作成绩当然是最主要而且最客观的因素。磨砺和经验是一个人成才必不可少的条件。

②其工作伙伴或有联系的人员的看法和印象。这些意见可以剔除你的一些主观因素，当然，你在利用这些意见判断时，也要剔除其中的一些主观因素才行。

③由你的供应商或客户那里得到的反馈往往比内部意见更加客观。

④征求员工个人对自己的看法。“性格决定命运论”虽然有其偏颇之处，但现代的社会心理学研究表明：“当一个人在头脑中经常把自己想象成某种人时，他的语言和行为就会自然表现出该种人的倾向，他的人生道路会自然不自然地朝着该方面发展。”员工个人对自己的评价有时便可反映出他的一种努力倾向。

4. 充分发挥各种人的长处

一个称职的企业家和企业经营者，对待不同的下属，不同的条件，要区别对待，以充分发挥他们的长处。

①对表现比较好的人，一是发挥他的优势，使他用自己的实绩显示自我。二是用人才互补结构弥补他的短处，保证他的长处得以发挥。

②对表现一般的人，给其在他人面前表现自己的机会，求得别人的信

任和他们自己的心理平衡。也要注意鼓励他们用自己的行动证明自己的能力。

③对表现较差的人，可以给他们略超过自己能力的任务，使他们得到成功的体验，建立起可以不比人差的信心，同时注意肯定他们的长处，一点点行动起来。

④对有能力、有经验、有头脑的人，可以采取以目标管理为主的方式。**在目标、任务一定的情况下，尽量让他们自己选择措施、方法和手段，自己控制自己的行为过程**。还可适当扩大他们的自主权，给他们回旋的余地和发展的空间。

⑤对能力较弱、经验较少、点子不多的人，可以采取以过程管理为主的方式。用规程、制度、纪律等控制他的行为过程；或用传带的方式，使他们逐渐积累经验，提高能力。

⑥对有能力的年轻人，可以给他们开拓性的、进取性的、有一定难度的工作。对有经验的中老年人，可以让他们做稳定性的、改进性的、完善性的工作。

⑦对个性突出，缺点、弱点明显的能人。一是用长处。长处显示出来了，弱点便被克制，也容易得到克服。二是做好思想和情感沟通的工作。一年里谈几次话，肯定成绩，指出问题，沟通感情，使他们感到领导的关心和理解，自己也会兢兢业业。三是放开一点，采取忍的办法。**不要老是盯住人家，而是给人家留有一定的余地，帮助也只是在大事上、在关键性问题上**。否则，束缚住手脚就很难有所作为。

⑧对有特殊才能的人，一定要尽可能给他们最好的条件和待遇。特殊人才，特殊待遇，这是我们应该遵守的原则。他们之中有的人并不是安分者，可能有这样那样的毛病和问题，以致很不好管理。对此我们不只是要容忍，而且应该做好周围人的工作，以便使他们能够集中精力发挥长处和优势。在特殊的情况下，还应该放宽对他们的纪律约束和制度管理，甚至采取明里掩盖、暗中支持的办法。

⑨对有很强能力的人，可采取多调几个岗位、单位的办法，既能够让他们发挥多方面的、更大的作用，又可以调动他们乐于贡献、多出成绩的积极性。

⑩对年轻又有能力的人，则应该给几个轻便的台阶，让他们尽快地负起更大的责任。如果有可能，可以为他们创造条件，让他们去开创新的事业。

⑪对被压住了的能人，一个办法是把他们调出去，给他们显示自己本领的机会，也给他们从另外的角度审视自己的空间。等有了成绩，被公众认可，在必要时就可以调回来加以重用。另一个办法是把压他们的人调开，让能人上来。这都要根据具体情况决定。

⑫对尚未被认可的能人，一是采取逐渐渗透的办法，让人们逐渐认识他们的长处和成果。二是给机会显示其才能，以实绩让人们信服。

⑬对道德上有缺陷的能人可采取这样几种办法：

- 任命其为副职，以正职制约他；
- 派给他副手，告诉他是协助他工作，同时也要接受他的帮助；
- 派给他能够监督、约束他的工作人员，比如会计、审计、监察人员，在职能、权力上约束他；
- 满腔热情地给他素质好的直接下级人员，以此做防御层。应该注意的是，不要用同级人员来制约他，这很容易闹矛盾。

⑭对跟自己亲近的能人，一是调离自己的身边，让其显示自己的才干。**好处是，因为和自己的关系好，到底是不是能人还可以再看。真正有能力，别人也会服气。**二是采取外冷内热的办法严格要求，使他们不依靠领导，而是依靠自己，不断地求得发展。

5. 寓教用人：栽培可用之才

聪明的企业家，除了力求充实自己的能力，积极追求上进之外，应当随时培植地位比他低的人才和一些有着发展潜力的年轻人，努力将他们训练成有用之才，日后可以得到他们的协助，使自己的事业更上一层楼。

事业发达的人，也是最知道如何借助别人力量的人。当遇到困难不是自己的力量能够解决时，就知道如何去寻找援手、获得帮助，而且自己大多主管决策之类的方向性大事，对于具体的，繁重的工作，则是分工合作，分配给下属或心腹去做，自己只做那些别人不会做的事。

如果一个企业领导人能时时想着栽培人才，并付诸实践，肯定会走上成功的道路，因为唯有大量可用之才在自己的身边，才能有事业发达的希望。反之，如果别人不愿意接近你，不愿与你合作共事，或接受你的领导，你的事业肯定无法进一步拓展，更不会持久繁荣。因此，**精明的企业家必须记住，只有在用人中注意发现人才，并适时适境地扶持栽培人才，才能使企业不断发展和持久繁荣。**

（1）赋予员工更多的责任，促使员工及早成长

对于企业管理者而言，培养出有才干的员工乃是人人所期望的事，也是身为管理者的职责所在。

如果过于担心员工犯错误，于是事必躬亲；或是给予员工太多的限制，不放心让他们放手去做。那么，此种做法势必将耽搁许多真正具有才干的员工，同时也可能失去许多获得良好构想的机会。

事实上，即使员工偶尔有错，只要过错并不严重，则不必太在意，毕竟犯错误乃是成长的必经过程。尤其对于新进人员而言。

例如，某些烫手或尖锐的东西，乃是生活中不可缺少的，若因为他们具有危险性而不让孩子们接触，孩子必然无法体会什么叫烫或痛，也无法培养孩子正确的判断力。更严重的是，若一直不让他们亲身去体验，将来只会使他们遭受到更大的伤害。

培养儿童的方法与教导员工的方法并无二致。身为上司者应赋予属下更多的责任，并能原谅他们的若干过失，让他们亲身去尝试、去体验，才更能使员工早成长。

（2）教育新进人员，尽早培养出专业人才

有一位在某汽车公司任业务员的大学毕业生，在进入该公司前，心中早有准备，认为公司必定会指定工作量。谁料一开始上司却未查问他的工作成果。提出报告时，他的业绩几乎等于零，但上司却仍谈笑风生地说："你做得很好呀！"与此同时，他却看到比他早3年进入公司的职员，往往被严厉地追问推销的成果，这种现象使他大惑不解。

事实正该如此，这说明该公司的领导用人方法颇为高明。过了一段时间，这位刚毕业的大学生终于明白了上司的目的："我一直以为自己在公

司就像客人一样，一直受到赞美，心里并没有特别的感觉，只是拼命努力。直到去年，上司开始追问我的成果时，我才了解，对于新进的推销员，公司只注意他努力的过程，待过程达到成熟阶段时，便开始观察结果了。"

的确，在评估员工的工作时，必须结合他们的能力。对于成就高的员工，以低的评价赞赏，反而可冲淡其感激的程度；而对于成就低的员工，则很难要求他们有较高的水准。所以，在教导员工时，应注意成就水准及要求水准的平衡。

(3) 让员工直接面对问题和处理问题

在企业里，就一般新进人员而言，当他们碰到障碍时，往往会求助于资深职员。固然，对工作有不明白之处，应尽量请教前辈或上司，但是许多新进人员却在重要关头或自己无法处理时，便完全交由前辈处理，这种做法不但对自己的成长毫无帮助，而且是不负责任的表现。

要知道，教导员工最有效的方法莫过于让员工直接运作、面对问题。

商场上的搏斗与成为医师的过程并无差别，同样是只准成功不许失败。为了解决此进退两难的情况，为了培养员工工作的能力，即使你被认为是个冷漠的人，你仍应站在员工的后面观察，只要对方不会受到重大的伤害，便应将工作交由他们来处理。

若在平时便采取这种方式教导员工，即使面临类似于"进行手术"一般重大的事情，员工仍可不慌不忙地凭自己的能力去处理。

(4) 以失败的例子教导员工

有位公司的高级干部曾提及他们公司中有A、B两位科长，A毕业于一流大学，进入公司10年之后，升为科长，被公司同仁公认为敏锐干练的干部，具有辉煌的业绩；B则不太受人注意，他是进入公司17年之后，与A同时升为科长的。B非但没有辉煌的业绩，且公司上下人人都知道他曾有多次的失败经历。

他们两人在公司内的竞争，众人皆认为A占上风，但事实却不然。截至目前为止，胜利仍归于B。他们同时成为科长那年，彼此的业绩不分上下，直到第二年之后，B开始有了惊人的业绩。A当然也有业绩，但与B

相比，却仍有一段距离。

提供此故事的人认为：差别在于彼此对员工的教导方法有所不同。

A教导员工的重点在于举出自己成功的例子，B则毫不讳言地举出自己失败的经验，两者不同的教法反应在员工的业绩上，自然也互有差异。

从经营管理经验出发，举出自身的成功例子来教导员工，实在无可厚非，因为成功的例子具有强化教导的效果。**然而相比之下，在教导年轻员工时，用失败的例子教导员更具有效果。**

因为，如果所举出的成功经验，略有言过其实之嫌时，员工便会认为上司在吹牛，而对他产生反感。再例如，当精明干练的A说出自己成功的体验时，年轻的员工反而有自卑感，甚至可能由于对失败的过度恐惧而情绪低落。

失败对于年轻的员工而言是习以为常的事。所以对他们谈及失败的经验时，反而可使他们产生亲切感，较易于接受。当他们了解自己的上司也经常失败时，会认为自己偶尔的失败，并非不可原谅，于是无形中便在心理上建立起不畏失败的基础。

话虽如此，若真要把自己感到无脸的事，毫不掩饰地向对方坦述，则无疑需要相当大的勇气。

但是，凡是身为上司者均应有这样的认识：**如果不是自己真正引以为耻的经历，或是凭空捏造的故事，员工们是没有兴趣聆听的。**

6. 对表现出色的人予以多方培养

高明的企业经营者，善于在工作的过程中为自己培养得力的“替手”，从而为自己赢得抓关键问题的精力与时间。所以，他的用人过程，也就是一个不断地教育人才、栽培英才的过程。

当经营者发现员工中有表现出色的人，应善于培养和使用，因猜忌而把他视作平庸者看待，是企业经营者的过错。

发现表现出色的人后，应从以下几个方面予以培养：

（1）视他为你管理技术上的一项挑战

你的管理办法，对待资质平庸的员工或许绰绰有余，甚至让人把你看成奋斗目标。而在卓越的人才眼中，你只是代表一个职位、一个虚衔，并不表示你的才干比所有的人优秀。要他全听你的，是件颇困难的事。

(2) 鼓励他公开讨论自己的观点和建议

此举可以增加他对你的信任，以及对公司的归宿感。为显示他的建议能受到你的重视，为了有所表现，他必更乐于创新。

(3) 赞美他杰出的表现

不要害怕他会被宠坏，在他处处表现之后，加以称赞和鼓励。因为你的冷漠，会使敏感的他以为你嫉妒他。通常卓越的人均懂得鉴貌辨色，为避免功高盖主，招你猜忌，他宁愿把创造性的建议藏起来，待有机会即另谋高就。

(4) 给他明确的目标和富有挑战性的工作

出色人才做事有点天马行空，但又有出乎意料的成功。你给了他明确的目标和富有挑战性的工作，他定会感到被看重而满怀工作激情。

(5) 推荐他读有帮助的课程

"学如逆水行舟，不进则退。"如果你将卓越人才的工作编排得密密麻麻，他根本没有时间学习新事物，不断地工作，结果使他精神疲累。是卓越人才并不表示他是万能，他也有不懂得的事物。

(6) 对他额外的贡献给予赞赏鼓励

在你未能给予他更佳的报酬时，一些实质奖励是必要的。对于他对公司额外的贡献，如无特别待遇，动力自然减弱，但不表示他不再追求进步。

二、惟才是用，破除旧格

企业家不仅要深知人才对于企业发展的重要意义，而且更要深知对人才的合理使用和发挥人才的潜能的重要意义。他们不仅要做到人尽其才，同时还要因材施治，建立制度，通过提拔激发出人才的最大潜力。更能显示企业家魄力的是，能够敢于任用那些才能突出，但缺点也明显的人才。企业家若是拥有这种扬长避短的用人智慧，就能带领团队打造出朝气蓬勃的理想事业，使企业真正成为人才施展抱负，尽其所能的广阔天地。

1. 以诚心感化人才，为己所用

任人惟贤，是古今中外一贯倡导的用人准则，更是现代企业家追求的用人标准。为求一才而三顾茅庐，这种以诚心感召人才的精神也为今天“懒蚂蚁企业”们所坚持和效仿。杭州娃哈哈集团总裁宗庆后就是这样的人。

宗庆后是宋代名将宗泽的后代，出生于1945年，1987年春天承包校办企业，1988年研制生产出著名品牌饮料“娃哈哈”。

一次偶然的机会，宗庆后得知，杭州有一个制造保健品百余年的老字号店，该店有一位身怀绝技的技师，对保健品很有研究。此时，宗庆后的厂子生产娃哈哈饮料急需名师指导，他的心马上动了起来，开始打这位技师的主意。

宗庆后为请这位技师确实煞费了一番苦心。他深悉，凡有本事的高手一般都有些怪癖。这些人大多面子薄、自命不凡，对世俗不屑一顾。如果以金钱相诱惑恐怕会弄巧成拙，对这类人才的办法只有一个，那就是诚心诚意。

于是，宗庆后就采取迂回战术，经常去拜访这位技师。他一方面虚心地向这位技师请教关于保健品的研制与生产的技术和学问；另一方面，坦诚地把自己的宏伟计划和面临的技术困难告诉了这位技师，并多次表示如有这个技师的帮助，自己的事业必能如虎添翼。整个过程没有任何世俗的表现。

就在宗庆后多次拜访和软磨硬泡的过程中，这位技师不仅了解到宗庆后是一个前程远大的能人，还深深地被他那种爱才惜才、求才若渴的诚意感化了。他意识到如果自己到娃哈哈集团更能实现自己的价值。最后，他终于答应了宗庆后的请求。

这位难请的技师就叫张宏辉。张宏辉到娃哈哈集团如鱼得水，很快使娃哈哈的新产品打入市场，并赢得广大消费者的青睐。当时，张宏辉因跳槽娃哈哈，原单位要收回他的住房。宗庆后知道后，为解除张宏辉的后顾之忧，他毅然把教育局刚分给他的三室一厅住房让给张宏辉，自己一家却仍挤在原来的简陋小屋里，从而使张宏辉一心一意把精力投入到产品的研发上去。

即使是木头，恐怕也被宗庆后的诚意感化了。在这里，我们还能找到反对“士为知己者死”的理由吗？

2. 用人所长，人尽其才

企业家能用人所长，就能使自己领导的事业在竞争中发展，永远立于不败之地。

美国汽车大王福特的成功，和他善于用人所长分不开的。福特善于根据人才的特点，让他们发挥最大作用。福特T型汽车的畅销，是广告设计师佩尔蒂埃的功劳；而改革装配技术、工序，世界第一流汽车流水装配线的建立，却是聘用能人弗兰德斯和三位青年经理——索伦森、马丁和努森的结果。

负责福特汽车推销的库兹恩斯，是一个优点和缺点都很突出的人。他虚荣、自私，却又聪明能干；性情粗暴，却又善于交际、处事果断；他对汽车业的经营有着丰富的阅历和经验，精力充沛，工作热情，雄心勃勃。旧主不识良骥，未予重用，而福特却用其所长，视为臂膀，委以重任。结果，库兹恩斯独创出一种推销方式，轻而易举地在各地建立了经销点。到1913年，几乎全国每千人以上的小镇至少有一家福特车的代销点，以致1913年福特厂虽然以每3分钟一辆的速度出车，却仍然有十几万辆的订货单无法供货。

福特还从德国招来了能工巧匠埃姆，更是如虎添翼。埃姆不仅技艺精湛，而且善于调兵遣将。在他的身边聚集了许多精兵强将，如公司的“外部眼睛”摩根那、“探子”芬德雷特和“检验员”韦德罗等。

摩根那是采购员，他有一种天赋的鉴别机器设备的能力，只要到同行竞争对手的供应场上看一遍，就可以发现哪些是新的设备，然后回来向埃姆描述一番，过不了多久，仿制或加以改进的新机器便在福特汽车厂里出现了。

芬德雷特则专门跑本公司以外的部件供应厂，估计人家的生产成本。

一旦判断出哪种产品要价会高，他就要福特厂马上取消订货，再由埃姆根据他的描述制造新的设备，自行生产。

精明强干的韦德罗是一位检验机器设备的行家，他专门负责向埃姆汇报安装的自动机床试车的情况。

而有这些人帮助的埃姆，对福特公司的贡献就更大了：埃姆发明的新式自动专用机床，其中的自动多维钢钻，可以从四个方向加工，同时在汽缸缸体上钻出45个孔，当时世界上任何机床公司都未能提供这样出色的设备。埃姆被公认为是在汽车工业革命方面贡献最大的人。

由于有这样一批人才，福特公司的生产面貌焕然一新，到1920年2月7日，福特公司所属汽车厂创造了每分钟生产一辆汽车的记录。到1925年10月30日，甚至创造了10秒钟出一辆汽车的世界纪录，使福特公司达到了登峰造极的地步，当时的同行对它的业绩望尘莫及。在众多人才的帮助下，福特由一名普通技工变成了亿万富翁。

如果不能用人所长，就会导致经营的失误。

有这样一个例子：一家大的化学公司花费重金雇用了一位著名的化学教授，从事某一种重要产品的开发，然而几年过去了，老板终于不得不痛苦地承认雇用这名教授是个天大的错误。原因是这位老先生在宁静的大学校园里搞研究可能很有成就，但置身于商业竞争极为激烈的市场，则无法适应巨大的压力，因而无法推出适销对路的产品。

聘请这样的人对公司无疑是一种损害。如果老板在决定雇用一个人之前，能详细地了解此人的专长，并确认这一专长确实是公司所需的话，这类错用人的悲剧还是可以避免的。

事实上，人各有所长，亦各有所短，只要能扬长避短，天下便无不可用之人。因此，企业领导者在用人所长的同时，要能容其所短。短处包括两个方面：一是人本身素质中的不足之处；二是人所犯的某些过失。一方面，越有才能的人，其短处也往往暴露得越明显。例如，有才干的人往往恃才自傲；有魅力的人容易不拘常规；谦和的人大多胆小怕事等。另一方面，错误和过失是在所难免的，因此，如果对贤才所犯的小错也不能宽恕，就会埋没贤才，世间就没有贤才可用了。西汉文学家东方朔在向汉武帝的奏疏中说："水至清则无鱼，人至察则无徒。"水太清，鱼就养不活；对人过于苛求，则不可能有朋友。用人识才也是这个道理。

领导者最不可饶恕的错误是让一个人去干他根本不可能干的工作。其实，任何人才，有其长处必有其短处。识别人才重要的一点，就是不可以短掩长。倘若识人只注意某一个侧面，而这一侧面又恰好是该人的缺点或短处，于是就武断地下结论，那么，这种识才的方法是非常危险的，大批人才将被抛弃和扼杀。孔雀开屏是非常漂亮的，假设一个人不看孔雀那美丽的羽毛，只看到孔雀开屏时露出的屁股，就武断地认为孔雀是丑陋的，那就实在是有失公正了。

3. 因材施治，人才互补

企业家应善于对各个部门及专业岗位上的人才使用配置做出合理的规划。这就要从组织功能的角度，通过人员的合理配置，形成人才的互补效应。互补效应就是使具有不同特点、不同专业的人才能够在知识、能力等方面相互补充，发挥人才的群体功能。例如，新产品开发的小组中，不仅应有技术工艺设计、材料、成本核算的专业人员，还应有从事装潢设计、消费心理研究等其他的专业人员，这样既能够提高所开发产品的成功率，也有利于人才之间相互启发和学习。对于今后企业发展所需的备用人才，如何为其创造实践锻炼的条件，也是人才使用战略规划值得考虑和解决的问题。

除了人才使用配置的合理规划之外，企业还应该确定一套人才使用过程中的考核管理制度。作为一种测量工具，人才考核方法的发展趋势是从定性向定量发展。企业人才的考核有多种方式，不论采用哪种方式，都要力求使之制度化、公开化，并在实践中逐步完善和发展。**日常的考核工作主要由组织人事部门承担，具体可采取以日常考核为基础，适当增加内容（如对管理人员决策分析能力、处理人际关系的综合考评和记录）的方法。**另外，还可以采取一些特殊的考核方式，如采取专项任务目标管理的方法，要求管理人员全面承担企业发展中的一项阶段性任务，对计划、组织、实施到完成的整个过程全面负责。由此对管理人员各方面能力进行全面考察。同时应注意不同公司有不同的管理风格。

有这样一个例子：某公司老板在面试时发现了一位各方面素质都很出色的应试者，于是决定录用他。任命他为高级主管。几个月过去了，当初的这位“伯乐”却越来越难以忍受这位他亲自挑选出来的“千里马”了。原因是这位主管在工作时往往自主决断，对很多事情不经请示便全权拍板处理了，而这位老板则希望其下属在决定一件事情之后必须向其汇报，并得到批准后方可行事。一来二去，老板终于忍无可忍，最后将这名主管解雇了事。

虽然人才还是人才，如果不能因材施治，不能达到人才的互补，这样的“千里马”终究还是多余的。

4. 助才成长，提拔优秀骏才

企业家在选拔各级负责人时，总是把那些勇于创新的人才提拔上来，这样不仅有助于人才的成长，更能使企业不断发展、壮大。

提拔英才是企业家常用的驭将之术，使有能力者有更大的施展天空，既是对他们的鼓励，又是促进企业发展的良机。

人们常说：伯乐常有而千里马不常有。这是指人才难求。可海尔集团公司首席执行官张瑞敏却反其道而行之，他认为，在中国缺的不是人才，缺的是出人才的机制。在张瑞敏看来，企业领导者重要的不是怎样去识别人才，而是应该建立一个出人才的制度，创造一种出人才的氛围，使它可以出人才。为此，在张瑞敏创立海尔之初，对人才的选拔使用就提倡“赛马”而非“相马”。他在企业内部推行了“人人是人才，赛马不相马”的人力资源开发理念以选拔人才、创造人才，并配合“三工并存，动态转换”的人才管理方法，使所有员工处于一个动态的管理机制下。

海尔的“赛马”机制是全方位和开放式的，所有的岗位都可以参赛，岗岗是擂台，人人可升迁，而且其升迁机制对全社会开放以实现公平、公正、公开。在海尔不分身份、年龄、资历，只要有技能、水平、活力、创新精神和奉献精神都可进入赛场竞争。一般员工只要有能力就可以升迁为管理人员，甚至平凡的有才华的农民工也可以走上领导岗位。海尔的局外人都会被一种竞争向上的氛围、一种朝气蓬勃的气息所深深感染。海尔集团为了保持干部队伍的勃勃生机，对干部队伍实行动态管理，公司经常根据员工的“赛马”业绩选拔、吸收和提拔有相应专业知识、管理水平和领导能力的干部，不断调整干部队伍的知识结构和年龄结构。对于缺乏必要知识和能力，不能胜任现在职务的干部要坚决调离；对于有较高知识水平和能力，能胜任较高职位要求的，要大胆晋升上去；对于年龄偏大，精力已经不能胜任现在职务要求的，则调到较低的职位或者退养。

海尔集团在三个方面实现着管理的动态化：

能者上。海尔集团公司借鉴美国的“能力待遇”和日本的“年功序列”，提出了海尔集团公司按“破格提拔”与“阶梯晋升”相结合的原则，如果员工的工作业绩突出，素质能力能够胜任较高的位置，个人就可以对照标准提出申请，经过逐级审核后由事业部公布。员工在进入人才库、竞争上岗后享有相应的待遇。

庸者下。海尔集团的“三工并存，动态转换”（三工：优秀员工、合格员工、试用员工）有上转和下转，如果在考核期间未能完成生产任务或者有违纪行为，则进行下转，或者退到劳务市场，严重者被公司淘汰。在海尔集团每月都有新的人员走向更高的工作岗位，也有一些员工因不适应企业的要求而被淘汰。

平者让。对于年龄偏大、知识能力水平已经不能够胜任职位要求的，但又在自己的岗位上为企业的发展做出了贡献的员工，海尔集团就鼓励他们去第三产业中担任管理职务，这些工作一方面对专业知识、技术水平要求不太高，另一方面使年龄较大的员工的工作多样化、丰富化，从而调动了员工的积极性，提高了人力资源的利用效率。

海尔集团全方面的人员管理，使其每位员工施展才能的空间加大，创新的机会增加。海尔集团总裁张瑞敏的这种“赛马不相马”的选拔方式可以说是最符合中国客观实际的一种领导用人方法，也是助才成长的最好的一种方式。它真正体现了一个企业家用才、拔才的高超智慧。正是因为张瑞敏的这种用人智慧，才使得海尔集团人才济济、充满活力、充满创新的动力。

第四章
发掘潜能：激活员工沉睡的才干

企业用人力倡“用人用其长”。尺有所短，寸有其长，企业领导者应是用人之高手，励人之能将。最大限度地发挥出员工的潜力并能恰到好处地将好钢用在刀刃上，这是提高企业核心竞争力的不二法门。

宇宙的空间是无限大的，同理，人的潜能亦是无穷大的。科学研究表明：人正常工作时发挥出来的能力不过只是他总能力的三十分之一。当然，我们不可能将这些潜能全部激发出来。但每个领导者都必须是善于发掘员工潜力的领导者，拥有了“金矿”却不会挖掘开发，那么，这座“金矿”永远无法装进自己的囊中。

一、潜能激发，善挖员工这座“金矿”

领导者要发掘员工的潜力，需要掌握科学的方法，综合运用各种激励手段并辅以灵活变通的鞭策措施，充分调动其积极主动性，使员工的潜能得到最大限度的释放，从而“爆出”企业人才优势的巨大能量，使这座“金矿”成为挖之不尽，用之不竭的恒久资源。

1. 开发员工潜能会使企业拥有一座金山

领导者最大的智慧莫过于博采众人的智慧，最高的才能莫过于运用众人的才能。自古及今，所有成功的风云人物有一点是相同的：善于用人，有得力的人来辅助他。

人是企业的最重要的资源。能够得到顶尖高手为自己服务，是企业家之福，但吸收了有用人才，还要能有效开发这座人才“金矿”。既然人才中蕴藏着无限的财富，就应该好好利用自己企业内的这笔无形资源。

员工的潜能是企业的金山，如果能充分认识其中的道理，找出可行办法，就能使这座金山成为自己的囊中之物。

现在的年轻人，自我意识提高，最不喜欢在被强迫的情况下从事某件工作，即使在自己不得不从事某项工作的情况下，如果不能心甘情愿地贡献自己的热情，工作效率一定不佳，更谈不上发挥潜能。

既然希望提高员工的工作效率，就应该积极培训那些能够适应环境变化的创造型员工，积极地让他们参与公司计划，出于年轻人的责任和血气，他们自然能尽心尽力工作。

一份研究报告指出，如果一个人对工作有兴趣，工作的积极性就高，也更能发挥全部才能。由此可知，培养员工干一行、爱一行的兴趣，使其情绪高涨，心境愉快，思维深刻，能充分发挥其积极性、主动性和创造性，这就可以有效激励出员工的潜能。

另外，鞭策可以激励员工的勇气，激发他们的积极性和创造性。**通过**

要求员工去完成艰巨的任务，去充分发挥自己的积极性，这种压力将促进他们利用自己全部的积极性和创造性解决领导交给的任务。当他们处理复杂事情的能力增强时，可以鞭策他们不断地、积极地去做好工作，这样，员工的潜能会不断爆发出来，最大的受益者还是企业领导者自己。

国外的一项研究结果表明，不得力的管理只发挥了员工潜能的30%，而70%的潜能便白白地消磨掉了。每一个企业领导者都应当坚信：员工的潜能是一座蕴藏无限的矿藏，等待着你去很好地开发。

面对员工潜能这一座金山，关键就看企业领导者如何去开发了。现实生活中有些员工因种种原因而抱有不满情绪，或怀才不遇，或能力一般但因嫉妒别人而产生不满等。作为领导者，必须对这些现象予以重视，以使人尽其才，充分发挥每个员工的积极性和潜能。

2. 企业领导者应善于发现员工的长处

人各有所长，也各有所短，事事精通、样样能干的人是不存在的。与人类现有知识、经验、能力相比，任何个人都不可能全部包容。

企业用人如用器，贵在取其长而避其短，发挥员工的潜力，这对企业的发展极其重要。正如美国管理学家德鲁克所说："有效的管理者择人任事，都以一个人能做什么为基础。所以，他们用人决策，不在于如何减少人的短处，而在如何发挥人的长处。"

所以，作为企业的领导者，应该善于发现员工的长处，提供机会，让每一位员工的才能都得到充分发挥，从而更好地为企业的发展做贡献！

企业如同由零部件装配起来的机器一样，零部件都是很好的，装配错了，机器开不动；装配不好，机器也运转不灵；只有装配得好，才能发挥机器的效能。在用人问题上也是如此，如果一个企业有5个方面的工作分别要由5个人来分工承担，每一个人承担工作都不是自己之所长，那么效率就很低。用人要用人才的优势和特长。如果不用人才的优势和特长方面，实际上是用人之短。当然，用人之长，并非不问其短，特别是对那些可能妨碍长处发挥的短处，更应关注。不过，这仅是用人中的弥补性措施，其目的是为了不影响长处的发挥，进而更好地发挥长处。**实践证明，只要措施有力，办法得当，这一目的完全可以达到。**如通过补短，搞好人才搭配，长短互济，互为补充，可以彼人之长补此人之短；通过避短，把人才放到那些既使长处得到充分发挥，又使短处无伤大体的位置上，可避其短；也可通过克短，在别人的帮助下，经过不懈努力，逐步克服短处；还应当看到，有些短处，是由于长处得不到发挥而滋生的，一旦如愿以偿，短处也会相应消失或有助于短处的克服。

3. 员工才能的发挥来自领导者用人有方

实践证明，员工才能的发挥有利于企业发展。企业经营需要各种各样的人才，让员工各尽其才，能使企业蒸蒸日上。

美国SMZ公司的总经理玛丽女士是一位非常有个性的女能人，她工作热情高，能力强，年轻漂亮，充满一种健康向上的力量。在事业上也是一位非常成功的企业家。她的最大的长处是善于发挥员工的长处，在员工面前从不刻意地去表现自我，对每位员工都很关心。

玛丽女士说："企业的发展离不开员工，要充分信任员工，并发现员工的长处，让他们的才能淋漓尽致地发挥出来，成为企业宝贵的财富，进而使企业飞速地发展。"

就是这种善于发现员工才能的优点，成为她成功的根本所在。

美国IMG公司的总经理在召开董事会时，总是想方设法把公司的成功归功于副总经理，从不独享，虽然这些取得业绩的决定绝大多数都是他做出的。这正是他的高明之处。

这种优点和管理的妙方，对于任何人来说，都是可以学到的，并不那么深奥。**谦虚待人对于任何级别的领导者来说，都是应该充分掌握的一种有效的管理手段。**

信任别人会产生极佳效果。假设每个人都极力想要有所表现，你就可以发挥更大的影响力，激发出他们最好的一面。人们在处理复杂易变的事务时，往往会产生不安全感与沮丧。于是尝试对别人贴上标签，以利于判断或评估。但是每个人都有各种面貌与潜能，有的清晰，有的模糊。不同的对待方式，他们就有不同的反应。其实只要我们相信别人，多数人都会真心对待我们。**别因为一颗老鼠屎而坏了一锅粥，只要动机纯正，对人信**

任，别人也会报之以礼，待之以诚。

不管你从事什么行业，想要成功，领导者必须创造一种使下属最有效地工作的环境，如果领导者在管理中损害他们的自由和自发性，而只让他们关心细节，那是不够的，领导者必须彻底理解他们，充分信任他们，给予他们自己所需要的东西，才能使他们做出更大贡献。

观察一下那些离开你的公司却在他自己的企业里获得成功的人们，很可能他们离开并不只是为了金钱，而是他们需要发挥自己风格的机会，给他们机会……认同信任和赞赏吧，十有八九他们不会离开了。

激发员工，让他们尽情地发挥潜能，为企业毫不保留地贡献自己的才智和力量，这是企业领导者和管理者的最重要的职责。所以，领导者必须谙熟管人之艺、励人之技。

4. 激发员工学习的欲望

如果事情违背了自己的意愿，那么无论用什么方法也无法强迫去把这件事情干得圆满漂亮。教导下属的情况也是如此，如果下属毫无学习的意愿，则即使强迫他，也不会有好的效果。

一般说来，唯有当领导者教导下属的欲望与下属学习的欲望一致时，下属才会愿意接受有关工作上的指导。可惜，目前的情况大多是下属不愿自动学习，或上司施教时虽懂了，不久却又忘了，甚至根本不理会。

看来，为使下属完全了解工作，最理想的方法是待下属有学习的欲望时再予施教。然而，现实往往又不允许如此悠闲地等待。

因此，为了让下属尽快学习，而且是真心乐意地学习，就必须应用心理技巧。如美国著名的拳击教练艾迪·汤姆先生，便采用一种毫不费时的方法而培育出许多世界级的选手。“当对方如此进攻时，你该如何应付?”此时，选手们便一边练习、一边思考应付的方法，并以动作来表示答案。

事实上，当对方被问及意见时，基于一种被尊重及意欲表现的心理，任何人都会加以认真地思考，提出自己的见解。即使最初的答案并不完全正确，只要重新发问，应不难诱导出正确的答案。当对方想出真正的答案时，势必感到欢喜异常，学习意愿也必因此大为提高。**而且因为答案乃是经由自己的思考所得，所以必然终生难忘，同时也将按照答案去执行。**

经过如此学习的员工，必将激发起内在的工作潜力，使企业管理事半功倍，使员工在锻炼提高自己的同时为企业做出成绩。

二、最大限度地发挥员工的才能

1. 让员工放手大胆地去做

很多下属都会对领导要求“权限的扩大和转移”。但是领导通常会有这样的回答：“如果你能有责任感，我当然会给你更多的权限，而且我也很希望这样做。可惜的是，你能达到我的要求吗?”

通常对下属有这样的印象：对公司营运方针一知半解，判断错误，不懂得把握时机。想到这一点，领导者就不敢轻易地将权限交出去。

有些领导就因为判断错误，不信任下属，失去了减轻自己负担的机会，要想真正地实现对下属权限的扩大和转移，就必须有“这件事交给他做准没错”的气魄。如果下属的创意、企划、提案很好却没被采用，那么对公司和自己而言，都是很可惜的事。领导者应给下属“展现绩效，赢得信赖”的机会。

因此，一个领导者要学会真诚地对下属说：“你办事，我放心。”正确地利用下属的力量，能使工作顺利进展，也能减轻领导的负担，让下属感觉到领导对他的信任。

工作中有的人可以轻而易举地获得成功，有的人虽然卖力地工作，可是成绩并不见得理想，原因就在于领导者是否充分发掘了每个员工的潜能，并且能否巧妙地运用他人的力量。

个人的力量毕竟有限，就是花费许多时间，也不一定能做得十全十美。一方面要利用他人的力量，另一方面却连细节都要加以干涉，员工定会觉得烦琐，因而失去工作意愿，结果必然是事倍功半。

一个员工一旦被委以重任，必定会生出责任感，想运用自己的主意和方法去达成目标。**所以身为一个领导者，只要能掌握大纲，提示基本方针即可。至于细节问题，则让员工放手去干。**这样不仅下属的智慧得以自由发挥，而且下属还能感到领导者对他的信任，从而同心协力地工作，绩效也会更加显著。当然，如果领导者胸中毫无点墨，只是一味依赖他人，这种做法也不正确。必须把握工作要点，而将形式上的工作委托他人。那么尽管付出的辛劳不多，却能获得很好的绩效。

2. 给员工一个富有挑战性的工作

没有挑战的生活会索然无味，没有挑战的工作会使员工变得平庸而没有工作热情，企业领导给员工一个挑战性的工作，不但提高了工作效率，还能发挥员工的长处，一般而言，员工对挑战性的工作，因为无法确定结果，从事起来才有趣味。

员工要完成挑战性的工作，必须充分调动自己的才华和潜能。有时，以为用这种方法一定会成功，但结果却失败了；而有时未经仔细考虑，偶然所做出来的事情，却获得了很大的成功。总之，在过程中添些刺激才会富有乐趣。

工作就是这样。如果一直照一定的模式去做的话，任何人都会觉得索然无味。那么，如何在员工的工作中添加刺激呢？首先，企业领导人必须准许员工尝试错误。有些小公司企业领导者过于谨慎，唯恐出了差错，从而无法放手让员工做事，总是一再地做各种指示，使员工不能自由地发挥能力。像这样，只注重事情的成败，而不管员工的兴趣，员工当然就不可能干劲十足。

要给员工刺激，就要分派给他稍微超过他能力水准具有挑战性的工作。同时，也要彻底改正新进员工或女性员工没什么大作用的想法。因为，问题只在你能不能掌握要诀，适当地分派稍微超过员工能力的工作给他。

某市里曾发生过下列的事情：

有位新进入电信局工作的女员工，是电信局中第一个有严重的身体残疾，还可以进入工作的人。所以她对这份工作充满感激，并表示要发挥自己的长处，尽一切努力好好从事这份工作。同时，她的决心也被登上了报纸，而她的表现也正如她所决心要做的一样，她的潜能发挥了出来，从而创造了很好的成绩。

一个人获得一份超过自己能力的工作时，就会心存感激，为了回报知遇之恩，就会产生工作意愿。给员工有挑战性的工作，就是表示信赖员工，如果只给符合能力的工作，或能力以下的工作，员工就会认为没有得到信赖。

所以，要给员工有挑战性的工作，这样员工才会充分发挥潜力，才会干劲十足。在这种工作热情中，员工的潜力会得以发挥，工作技术自然也会进步。

企业领导者应当给员工施加适度的压力。没有压力，员工是很难进步的；适度的压力，能很好地激发员工应对挑战的潜能，从而创造出令人满意的业绩。

3. 让有能力的员工做有价值的工作

人在被赋予超出实力的地位、头衔或工作后常常就会“自我膨胀”。

在运动场上，很多选手在侥幸得分，得到很好的排名后，马上就惨遭失败，在同一个地点同时体验了胜负两种过程。因为选手排名高低，取决于比赛时的成绩，所以只要稍有疏忽，地位就不保了，因此，在这一来一往之间，如果能培养出自己的实力，那么就能维持崇高的地位。

在企业中，一旦让一个人升职后，就不能随便将他降职。但如果是让没有实力的人占据上位，往往会造成很多日后的问题。所以企业在选拔人才的时候，一定要特别小心谨慎。

不过，有些人在被赋予更高地位或重大责任后，能更快成长，虽然一开始做什么事都不顺手，但渐渐也就能熟练而胜任。

这些人的特性就是：认真努力，积极主动。

这些是值得信赖的。相反地，那些傲慢无理、缺乏协调性的人，胆小怕事、缺乏自信的人，都是不值得信赖的。

虽然要将地位、责任做适当的授予很困难，但如果能安排得当，对公司和当事者本身都会有好处。

虽然一般工商界都是依年龄、学历、资历等条件选拔人才，但要知道一个人的真实实力，有时更应该抛开这些束缚，给予对方充分发挥的机会。

这种方法也可以应用在工作的分配上，让有能力的员工做有价值的工作。

4. 相信员工能够自己处理难题

当员工由于无法对付某个问题而感到苦恼时，身为企业领导者不妨以个人的经验而提供给下属一些方法。然而，许多时候，情况往往在开始时便弄巧成拙，变了质。领导者虽想用温和的方式传授经验给下属，但是语气上如果隐含命令的意味，那么下属表面上也许接受，心里却未必服气。因此，这一点必须特别注意。要知道，当下属因为不知如何做而感到闷闷不乐的时候，领导者如果趁机在一旁干预，对于下属而言，或许意味对他们不信任。

在此情况下，领导者应当充分相信员工处理难题的能力，不妨对下属表示："如果是我，我将这么做……你呢？"以类似的做法来指导下属，不但可保持自己的立场，也可将意见自然地传达给下属。甚至下属极可能会认为领导者是站在自己的立场上考虑。这样，领导者说服的目的便达到了。

如果硬是规定下属必须按照自己所示的方法去做，那么下属除了服从以外，便毫无选择可言。

其次，对下属而言，只要服从领导者的指示，自己根本不必花脑筋思考，反倒轻松，何乐而不为呢？

然而，事实上，领导者直接表示自己的方法，毕竟无法让下属真正学到工作的实际技巧。

如果上司能够指出多种方法，让下属自己有机会加以思考，下属一方面会认为上司是给自己面子，另一方面则将提高对上司的信赖感。

此外，在指导工作时，有时也可以对说话的方法及语气稍加改变。例如可先考虑对方的立场，让对方了解企业的利益，也就是他们的利益。如此指导工作就可事半功倍，何乐而不为呢？

在交往中"讲话和谈话"并不困难，但是要让对方理解则不容易。**就是说，要让对方用耳倾听并不难，要让对方用心思考则不是易事。**在教导他人时，必须划清此两者的差异，才能达到预期的效果。

当下属有过失时，无法将前述二者划分清楚的领导，便会一味地想把自己的知识告诉对方。例如向他们指出：过失的原因在于此时此地发生此事，经由某作用，而产生某影响，所以我们应该如何做。如此就变成讲课了。话虽然进入了对方脑中，但却不是对方切身需要的东西，因此无法得到吸收，甚至容易被遗忘。

所以，最好明确指示其过失所在，但暂时不必教导该如何做、如何防患于未然，以及如何追踪过失等方法，让对方有自我思考的余地。而当对方能自己思考，却又无技可施时，自然会发问："这里该怎么办?"此时再给予适当的意见。才是最合乎实际的教导方法。

5. 培养员工拥有自己的头脑

很多员工与企业领导者相处时，总会感到紧张不安。他们总想让企业领导者高兴，却不知怎样去做。同样，当企业领导者离开时，他们反倒能全身心地投入到工作之中，并能从中自娱自乐。没有企业领导者在场，他们相反能更好地做出决定。

作为企业领导者，你可以离开员工一段时间，尽量给他们留一些自我发展的空间。这样当你回来时，你会吃惊地发现员工在你不在的时候取得了多么令人满意的成绩。**离开员工是检验企业领导者是否成功的最好方式**。如果你已经能够培养员工按照你所构想的方式去做，如果你让他们真正承担起自己的责任，如果你能让他们自行其是，那么，当你离开的时候，一切可以照样圆满地完成。

作为企业领导者，只需为员工指引方向，而且这一方向不应在三个星期或三个月内就做出改变。即使出现一些问题，你的员工也应该像你一样妥善地处理。当然，如果是一个十分重大的问题，那他们不可能自行其是，必须报告于你。

当你离开时，员工们也许有些不太习惯，或许有些想念你。当你回到他们身边，他们会集中精神向你展示自己所实现的东西。因此你的回归，又变成了他们表现自己及证明你的权威的机会。

让员工拥有自己的头脑，其前提是你必须充分相信和认可他们。你给予他们的自由空间越大，他们做的事情就越成功。当你真诚地信任员工时，如果他们对你安排的某一工作确实无法胜任，他们会主动说出并要求另换一个更合适的人选，这实际上是对你的一种负责，这比勉强答应，但最后将事情弄得一团糟的员工更加诚实而有责任感。

作为企业领导者，你必须让员工自己安排，不用任何事情都由你过问，让员工拥有自己的头脑，重要的是让员工弄清需要获得什么结果与如何去获取结果。**更重要的是，同时应给予员工足够的自由空间，让他们自我决定怎样最好地实现你所要求他们达到的结果。**当然你不可能完全将员工“做什么”和“怎么做”分离开来。员工在某种程度上也要参与决定达到什么样的目标，尽管最终承担责任的还是企业领导者。在决定员工的目标时，你也不可能毫不考虑员工怎样去处理这一问题。但作为企业领导者，你不要过多干涉员工去做自己的工作，放手让他们去做就是了。只有在一个目标明确，又有充分自由空间去实现目标的环境下，员工才有可能最大限度地发挥自己的才智。如果你规定了他们的工作目标，又为他们划定了许多做事的条条框框，那他们当然就失去了行为的主观能动性，所以培养员工拥有自己的头脑，发挥员工的智慧是大有必要的。

6. 让员工在变动中积累工作经验

一般说来，人们普遍存在一种“习惯于固定工作”的心理。也就是说，对于自己所熟悉的拿手工作，总表现得信心十足，且成果极为杰出，但对于自己感到陌生或棘手的工作，则只能照规定行事。一旦状况有所变化，便不知所措，甚至由于自认为能力不足而感到惶恐不安。这对发挥员工的潜能极为不利。

事实上，易受工作性质的影响是人类心理的共同特性。这种特性也称为“场心理”，一般人或多或少都具有此种心理。

但是，若要使一个人成为能够克服逆境的强者，就必须设法纠正故步自封、墨守成规的习性。**换言之，就是要让他有机会接受多方面的挑战，使他受到震撼，并从中取得经验。**

所以，如果能让下属有机会协助其他部门的工作，从事与自己一向的工作不同的项目，由“场心理”来看，确可帮助他们应付各种不同的状况。

我们不难发现，许多较具规模的企业每隔二三年即做一次人事大变动，将公司内部所有员工的职务互调，其目的就在于让员工从各种场合不断累积经验，充分了解现场的作业内容，能做综合性的判断，进而发挥其潜能，更好地为企业服务。

7. 发掘员工的潜能不能带有偏见

在某银行分行里，有一位年逾30的未婚女员工，虽然在总务科工作，但心地非常险恶，常常欺侮新进的行员，因而在行内的名声很差。

刚刚被分派到这个分行的经理，听取了各方的报告后，了解到这件事情的始末。原来，这位女员工进入银行之后，被轮调到各个不同的部门去工作，因为她十分冷淡固执，在任何部门都跟任何人合不来，所以最后不得已就把她调到总务科去。

新经理和她交谈过一次以后，就决定让她做银行最重要的业务——过去一直是男行员所做的窗口业务。虽然每个行员听到这个消息时都吃惊并反对，但是经理不理会这些反对的意见。

那位女员工对这个新的职务似乎也觉得很意外，但是，更使人惊讶的是：短短一个月的时间，她完全改变了作风，不像以前那样对人冷漠，而且常主动地学习事物，也很专心于自己的工作。所以每次都能正确而快速地处理业务，并表现出不逊于以前男行员的惊人判断力。

可能由于对自己产生了自信，所以她对新的行员也变得亲切有礼，其在行内的不良形象也不知不觉地被人遗忘了。

人是非常奇怪的动物，常常被认为没有用的人，却往往能够缔造佳绩；而被认为很优秀的人，后来反而一事无成。这种情形，也就是人类矛盾有趣的地方。

如果想改变一个人，就不要低估他，更不可对他存有偏见。每个员工都具有潜在的能力，甚至，很多被认为有问题的员工，通过努力也可能产生令人吃惊的变化。

偏见是一种很顽固的东西，而企业领导者的偏见会对员工造成某种程度上的伤害，从而影响他们自身潜能的发挥。领导者首先要学会辩证地看待人，公正地评价人。

上面例子中，那位女员工知道周围的人不信任她，所以，为了保护自己就变得越来越顽固。但是，后来发现新经理对她不抱偏见，反而还对她很有信心，指派她做重要的工作，所以她便一改往常的作风。可见，要改变一个人，首先必须相信他。如果心里认为这个人没用，那么对方很快就会知道你对他的看法；又如果在别人背后抱怨他，这种不满早晚也会传到他的耳中，而使他越来越消极，以致使得工作合力下降，管理效率降低。

也就是说，认为某个员工没有用的想法，会使对方真的变得无能。变得无能的原因是出在领导者的管理水平上，低估员工的潜能实在是一件管理者不称职的事情。

8. 不要过多地来缚员工的"手脚"

为企业工作的人大多是青年人，他们也希望领导者像对待成年人那样对待他们，他们希望自己有做出某些决定的自由，能够以合理的方式控制自己的生活，他们喜欢工作环境以外的自由，但是来上班时也不愿意受到束缚。

想办法给员工以自由和选择的权利

除非是必须穿制服的职业，员工应有权利选择衣饰，也许有人会说"那当然啦"，但也有些企业领导者仍然要求员工在办公室里穿白色衬衫，而不许穿着其他颜色、其他式样的衬衫。有些公司要求女性员工只能穿裙子，而不允许穿休闲裤或裤式套装。这些限制会抑制员工的创造力和生产率，在办公室礼节的范围内，给员工尽可能多的灵活性，员工就能够理解是出于安全和保护财产需要而制定的规则，而不是专横的规则。

如今的员工比过去的几代人都更注重工作之外的关系。现在越来越多的家庭是双员工，因此员工更加关心保持健康的家庭关系，他们把家庭照片挂在工作地点作为幸福的象征，同时表现出对自己的家人的骄傲之情。

给员工以悬挂家庭照片或类似的私人物品的自由是极其重要的，办公室人员可以把照片摆放在桌子上或挂在墙上，工厂里的员工可以把照片挂在橱柜上或放在离工作地点不远处。

这也许难以置信。现在仍然有些企业领导者不允许员工把配偶的照片摆在桌子上。

给员工多少自由让他们安排自己的工作时间呢？有些工作不能随便修

改工作时间表，但是有很多工作可以让员工自己安排时间，与他人共同来完成工作。员工想要更好地控制工作时间表有多种原因，尽量满他们的要求。

就工作本身而言，有些员工能够自己规定工作的方式，他们会提出更有效率的工作程序，虽然它与公司现有的政策不符。领导者要注意这些动向，对建议做出反应时要给予足够的灵活性。**恳请员工提出建议，当员工认为自己有能力进行积极的改变时，要倾听他们能做出什么贡献。**

当员工完全理解他们应当取得的成绩时，要让他们自己决定怎样去做。人们做事的顺序不同，做事的节奏也不同，但都可以使自己更舒服，更有效率，并且达到预期的结果。

员工可以根据家人的需要自己决定休假时间吗？他们是否可以与其他部门的同事直接接触，一同解决问题或共同完成任务？他们可以按照自己的意愿来放松一下，而不是完全遵照公司的时间表？

如果有足够的信息，多数领导者能够在面临选择时做出正确的决定，在做选择的时候，给予员工的权力越多，他们就越有责任感，而且越高兴。

9. 充分地利用员工的“短处”

人们的短处和长处之间并没有绝对的界限，许多短处之中可以蕴藏着长处。有人性格倔强，固执己见，但他同时必然颇有主见，不会随波逐流，轻易附和别人意见；有人办事缓慢，手里不出活，但他同时往往有条有理，踏实、细致；有人性格不合群，经常我行我素，但他可能有诸多创建，甚至是硕果累累。高明的企业领导者，为了充分发挥员工的潜能，总是短中见长，善用短处。

许多成功的企业家在总结经验时一再强调利用员工的“短处”的重要性，他们深信：任何员工的短处之中肯定蕴藏着可以开发利用的潜能和长处。

现代企业中善于用人之短的领导者也大有人在。日本有这样一位企业领导者，他让爱吹毛求疵的人去当产品质量管理员；让谨小慎微的人去当安全生产监管员；让一些喜欢斤斤计较的人去参加财务管理；让爱道听途说，传播小道消息的人去当信息员；让性情急躁，争强好胜的人去当项目负责人……结果，这个公司变消极因素为积极因素，大家各尽其力，每个员工充分调动了潜在的积极性，使得公司效益倍增。

金无足赤，人无完人；任何人有其长处，也必有其短处。人之长处固然值得发扬，而从短处中挖掘出长处，由善用人之长发展到善用人之短，这是企业管理中用人艺术的精华所在。

第五章

激励人心：激发员工更大的能量

如何激励员工，是企业领导者不可不重视的重要的管理问题，因为，这是决定企业是否具有竞争力，是否能长盛不衰的重要因素。

现代企业员工的激励，无论是物质激励，还是精神激励，都有一个激励方式、激励规则、激励条件和激励强度的问题。激励方式先进，激励规则明确，激励条件充分，激励强度得当，再加上其他各种激励的合理组合，就可以形成有效的员工激励机制，产生强大的动力，促使企业的员工在市场经济的大舞台上纵横驰骋，建功立业。

一、激励是最高明的用人之术

激励是管理者所要掌握的最具有挑战性的领导艺术，它既要基于高深的科学理论，又要具有艺术性。通过激励，能充分挖掘员工的内在潜力，使企业立于不败之地。

1. 激励员工是企业用人的精髓

经营如同演奏，管理就是指挥。企业管理者的任务就是调用各种手段，有效地激发组织内成员的热情，从而演奏出有声有色的交响乐，其中最常用的手段之一便是激励。

在管理学中，广义的激励是指激发鼓励，调动人的热情和积极性。从诱因和强化的观点看，激励是将外部适当的刺激转化为内部心理动力，从而增强或减弱人的意志和行为。心理学认为：激励是指人的动机系统被激发后，处于一种活跃的状态，对行为有着强大的内驱力，促使人们向希望和目标进发。

激励的核心问题是动机是否被激发，所以激励又可称为动机激发。**通常，人们的动机被激发得越强烈，激励的程度就越高，为实现目标，工作也就越努力**。因而，为了提高员工的绩效，激励在管理工作中被广泛采用。

人的工作积极性是指人的工作努力程度，是对活动和任务的自觉、主动、创造的表现，也包含对工作的兴趣，任务的理解和认识、意志、情感等因素。激励的目的是调动员工的积极性。但是在企业中员工产生行为往往受精神、体力、环境等方面的影响，员工在接受任务时的动机是十分复杂的，甚至是互相冲突的，具体表现为如下几点：

- 有的员工希望少付出，多获取；
- 有的员工对精神奖励，如自尊、地位、威望、称赞、成就感等要求较高；
- 有的员工对物质补偿，如奖品、薪水、福利、休假等要求较高。

所以，在企业中激励的因子可以影响员工的行为，支配员工的行动，诱导员工前进。智慧用人的一项重要工作，就是采用激励方法，它能促使员工的动机更加强烈，将潜在的、巨大的内驱力释放出来，因此，领导对员工进行成功的激励，能极大地调动员工的热情和积极性。

2. 激励能有效地释放员工的潜能

激励是一种领导艺术，是领导者必须掌握的重要管理内容，它能充分挖掘和调动员工的积极性，是企业依靠人才立于不败之地的重要法宝。激励有多种方式，而每一种方式都能有效地激发员工的工作热情和释放员工的潜能。

(1) 信任激励可以诱发员工的工作热情

作为企业领导者，信任是一种正确的用人态度。当你面对员工的时候，理应树立信赖他们的观念，以自己的诚心和人格魅力影响员工，打动他们，并与员工产生心灵上的共鸣。

一般说来，人在受到信赖的时候，都会产生快乐和满足的感觉，进而诱发出全力以赴的心情。

领导者要信任员工，放手让下级大胆地行动，发挥其主观能动性和创造能力。

可以肯定地说，对别人信而不疑的人，如果具备了力量和睿智，那么被信赖的人就很难产生“离心”的念头。他不仅会被上司信赖自己的态度深深打动，而且会被上司的能力和成就深深吸引。

说到底，一个真正信赖别人的人，一定也会受到大多数人诚心诚意的信赖。毕竟，人是有感情的动物，几乎每个人都有“投桃报李”“以心换心”的想法。相反，那种漠视他人对自己的信任、时刻想利用领导对自己的信任的人，只是成千上万人中的极少数。

在企业中，信任是激励员工的一个重要原则。做领导的人只有充分信任员工，大胆放手让其工作，才能使员工产生强烈的责任感和自信心，从而焕发出员工的积极性、主动性和创造性。所以说，一旦决定某某担任某一方面的负责人后，信任即是一种有力的激励手段，其作用是强大的。信任你的员工，实际上也是对员工的爱护和支持。古人云：木秀于林，风必摧之。特别是对于担当生产、销售、试验、拓展、探索者角色的员工而言，容易受人非议、蒙受一些流言蜚语的攻击。那些敢于直面领导错误而提建议、意见的，那些工作勤勉努力犯了错误并努力改正的，领导的信任是其最后的精神支柱，柱倒而屋倾，在此种状态下，领导者切不可轻易动摇对他们的信任。

（2）分享激励能使员工同心同德

分享是一种巨大的合力。与员工共同分享企业的成绩与荣耀、分享经营的收获与快乐就能充分激励员工同心同德，增加企业的向心力，进而提高企业的经营效率。

在企业中，领导要充分利用分享激励，也就是从患难与共中唤起团队精神、伙伴意识。**患难形成的牢固关系往往会使员工产生一种同仇敌忾的伙伴意识，在获取成功后，员工快乐是一致的。**另外，与员工增进共同的体验也可产生伙伴意识。此项共同的体验，如果是共当劳苦，则更可增进密不可分的伙伴关系。

所以，与其与员工共进午餐，不如当员工加班时，也加入他们之中，分享压力与责任。如此必能加强同甘共苦的患难意识。

一家公司的经理，因工作需要，将两名下属派往另一公司处理有关业务索赔的问题，该经理当天凑巧也留在公司加班。此时，下属打电话报告事情已处理妥当，经理正好得以在电话中加以慰劳及鼓励一番。

两名下属日后谈及此事时一再表示：经理担心我们事情处理不好，所以留在公司里等候消息。

经理在无意间听到这话，虽感到相当难为情，但这件偶然的事情却也发挥了共同体验的效果，使得该公司上下的伙伴意识大为增强，所有人员的学习意愿与工作效率也自然获得相应的提高。

企业的成功靠的是领导与员工有难同当，有福同享。这就是对员工工作的激励，当领导与员工的心往一块贴，力往一处使，还有什么困难克服不了呢？又有什么原因使他们不成功呢？

(3) 尊重激励，满足员工的自尊

尊重，也是一种企业领导必须掌握的行之有效的用人方法。尊重，就是要尊重人们的自尊心。尊重员工的自尊心，就能受到员工拥戴；员工自尊心得到满足，工作就受到激励。不会尊重别人的领导，很难会得到下属的拥戴与支持，其工作必是死气沉沉毫无生机活力。

经营者和员工有级别之分，但没有贵贱之分，经营者绝对不可以说出伤害他人自尊的话，比如："你真笨！""我要开除你！"等。话一出口，犹如覆水难收，再想恢复到原有的相互对等的关系便十分困难了，甚至会引起职员强烈的反感而辞职。

作为领导，尊重了员工，也便尊重了你自己，也为自己赢得了尊重。

赞扬也是一种尊重。赞扬能使人勤奋工作，但在表扬和称赞时，一定要根据每一个具体的人来选择语言，这样才有效果。每一个人都有自尊心。为了能满足部下的自尊心，领导在必要的时候可以故意表现出自己的疏忽，让部下来提醒自己，这样他们就会产生一种自己很能干的优越感。领导表扬或称赞部下时，如果能让部下的自尊心得到满足，那就可以达到促使他们努力工作的效果。

3. 物质激励与精神激励相互结合

成功企业的业绩世人皆知，但成功企业如何用人却鲜有人知，这些成功企业的领导一致认为，人是需要鼓励的。在他们看来："人毕竟是人，取胜之心人皆有之，一旦获得成功，人人都渴望得到肯定和奖励。"他们是这样想的，也是这样做的——即时给相应的人以应有的激励。

给人的奖励当然是各不相同的，而企业经营者所做的，却绝不是年终发一个红包或奖励支票那么简单，更重要的是对人的精神上的鼓励。**因为这种精神上的鼓励往往能给人带来某种成就感，而成就感对事业达到一定程度的人来说比钱更重要。**

成功的企业家非常知道如何达到鼓励人心的目的。

一次，吉列公司总经理来到吉利在日本的分公司，发现那里的技术人员发明了一种新的剃须刀——这个发明非常的好，这位老总觉得有必要对

这个技术人员进行鼓励，他立即对这个技术人员表达了他的赞赏："这是一个非常好的产品。"当然，如果所有的事只是停留在这一步，那就没什么新意了。为表达他对这个产品的支持，企业领导人采取了更为实质的鼓励措施，建议日本分公司将用于产品推向市场的资金增加一倍，使这种剃须刀提前一年打入日本市场。

对于一个搞发明的人，还有什么比看到自己的发明更迅速地为人们接受，更快地为人们带来方便，更快地转化为利润更受鼓舞呢？连吉列总经理蔡恩自己都注意到，在做出以上决定的会议结束后，那个技术人员"就好像从我这儿获得了一张空白支票似的。"

与吉列公司的蔡恩喜欢在精神上对员工进行鼓励异曲同工，日本三得利公司的鸟井信治郎更乐意于用直接的物质上的鼓励。如果他觉得哪个员工需要得到鼓励，他就拿非常贵重的物品直接犒赏。

那么，公司对员工到底是采取物质激励好还是精神激励好呢？这不能等一而同，当然是各有各的好。一般说来，在员工生活水平还不太高的时候，物质激励会非常有效果。想想看，当你的月收入还不到1000块钱，却突然拿到5000块钱奖金的时候，那你该多么高兴啊！因为这笔奖金给自己带来的不仅仅是一份荣誉，更可以使自己买一些早就想买，却一直买不起的东西，这是多么令人兴奋呀！

但是，当员工的工资水平已经达到一定的程度时，物质刺激的作用就会小得多。对一个生活已经很优裕的人发奖金，他的反映就远不如收入不丰者那样强烈，最多是："哦，又发奖金了。"

对于这样的人，什么才是他们所需要的激励呢？此时最好的激励肯定是非金钱的东西，也就是精神上的东西，让他有机会学更先进的技术，给他更多的机会，更大的挑战，更好的工作环境，会比给他更多奖金让他高兴。

将物质奖励和精神奖励结合起来，当然更有效。对于工作突出的人，在全公司的范围内当众发奖，并给以提升，想来当事人的感觉应该不坏。此外，还可以将奖金以变通的方式发放下去，比如，同样是8000块钱的开销，将8000元奖金折合成出国旅行一趟，或者是进行一次对他以后非常有用的培训，会更令受奖者兴奋（省了请客费，又长了见识）。

4. 根据员工的个性类型激励

在企业中，领导者根据员工的个性激励员工，可以让每个员工都能发挥各自的工作积极性。

其具体方法如下：

（1）竞争型员工的激励

竞争型的员工在激励竞赛中表现特别活跃。**要激励竞争型的人，最简单的办法就是很清楚地把胜利的含义告诉他。**他们需要各种形式的定额，需要有办法记录成绩，而竞赛则是最有效的方式。有一点企业领导者必须明白，优秀的服务员、推销员他们本身已经具备强大的内在驱动力，这种驱动力可以引导，可以塑造，但却教不出来，因而给予他们最佳的激励方式便是巧妙地挑起竞争者之间的竞赛。

（2）成就型员工的激励

成就型的员工是理想的服务、推销人员，他们自己给自己定目标，而且比别人规定的高。只要整个团队能取得成绩，他们不在乎功劳归谁，是优秀的团队成员。激励成就型员工的方式有好几种，一是要确保他们不断地受到挑战；二是不去管他们，因为成就型的员工他们会自己激励自己，企业领导者只要把大目标给他们锁定，可以随他们怎么干；三是培养他们进入管理层，因为成就型的员工会像企业领导者那样进行战略思考，制定目标并担负责任。

（3）自我欣赏型员工的激励

自我欣赏型的员工突出的特点是他们感到自己很重要，因此，激励这种类型的员工的最佳方式便是让他们如愿以偿，让他们带几个实习生，因为这样能激励他们不断进取。如果新手达到了销售目标，就证明他指导有方；如果他没有业绩做后盾，是不能令新手信服的。

（4）服务型员工的激励

服务型的员工通常花很多时间款待宾客，跟宾客联络，但是他们的个性决定他们的推销业绩不会很大，因而他们往往不受重视，激励这些默默无闻的员工的一个方式是公开宣传他们的事迹，在大会上表扬他们。

给员工分类很重要，因为不同的激励方式能够激励不同类型的员工。**无论什么类型的员工，他们都有一个共性：不懈地追求。**只要激励方式得当，就都能收到预期的效果。

二、灵活地运用各种激励手段

1. 构筑未来愿景，激励员工奋进

企业愿景是企业未来的发展目标，是员工今后的努力方向。让公司有一个绚烂美好的前景，不仅是领导者的心愿，更是公司每一位员工的心愿。**如果领导者为有能力的员工提供其发挥才能的机会，为其设想未来的前景，对员工是一种巨大的激励。**

据说有一家每年均有高额盈余的公司，其总经理的年薪不但很高，而且他的居所更是占地数百英尺，并且拥有3部进口豪华轿车。他表示，他之所以如此做，并不是心存暴发户的心理，而是要以身作则，让公司职员了解，在大家的努力下，如果公司赚钱的话，他们同样地也能过着与他相同的富裕生活。

这的确是个活生生的教材。该总经理在新进人员的讲习会中，也先以展望公司未来20年的前景作为说明。原因在于20年之后，新进人员早已结婚生子，并且必须供给子女读书，那正是需要一切的时期。所以，先让他们具体地想象一下如何工作才能有多少收入，然后给他们描绘出一个未来发展的愿景：实现这个计划在于自己。如此做的目的则是使他们发奋努力，产生学习的动机。

目前的贸易商大多都会进行购买动机调查。所谓的动机是指倾向目标的内在过程、动因、诱因，对于学生，动机则表示推动学习的意愿。

在教导方法——例如上司教下属、长辈教晚辈的情形，方法之多，不胜枚举。**以未来展望引起学习和创业动机，进而鼓励起员工的工作积极性不失为一个很好的方法。**

总之，没有哪个员工愿意在希望渺茫的企业中发挥才能。领导者的责

任是把企业美好的发展前景向每一个员工讲清楚，使大多数人因此受到振奋鼓舞，从而信心百倍地向未来迈进。

2. 在企业内部鼓励员工自尊

一个自尊自爱的团队，才能够自强自主，为此，领导用人不能不时时注意鼓励员工自尊。

鼓励自尊，是经营者对员工一种特殊的激励。首先应从管理方面入手：

①不仅向员工提供他们工作所需要的信息，而且还要让他们了解工作环境的信息——公司的目标和进展，以使他们理解他们的活动是如何与公司的总体任务和计划相关的。

②提供持续学习和增长技能的机会。尽可能地向员工表明你的公司是一个能够使人学到东西的地方。

③如果有人干了件了不起的工作或者做出一项漂亮的决定，要和他一起探讨是怎样做到这一点的。不要仅仅局限于表扬。通过适当提问，可以帮助此人提高他对于取得成就原因的认识，并借此增加其他人在将来做出同样成就的机会。如果有人做了件差劲的工作或者糟糕的决定，这一方法也同样适用。**不要局限于改正错误本身，要分析发生错误的原因，以使他充分觉醒，并将再犯错的机会减到最小。**

④避免指导过多、观察过多和报告过多。过度管理是自治和创造性的大敌。

⑤给创新提供适当的计划和预算。不要一方面要求人们进行革新，另一方面又宣称资金和资源有限，如果这样的话，创造热情（扩展了意识）将会由士气低落（意识减退）而代替，并最后枯竭。

⑥时时锻炼你的下属。适当给他们布置一些稍稍超过他们现有能力的任务。

⑦保持责任下放。

其次，鼓励员工自尊还应注意以下具体领导方法：

①当你和员工谈话的时候，要显得专注。进行视线接触，积极倾听，提出适当的反问，要给讲话者一种被倾听和被接受的感觉。

②无论你在对谁讲话，都要保持尊敬的语调。不要带着一种居高临下、傲慢、讽刺和谴责的态度。

③使交往者认识到应该以工作为中心，不要听任一场争论演变成私人冲突。**重点要集中在实际问题上："目前情况怎么样?""这项工作有什么要求?""还需要做些什么?"**

④不带批评地指出不良行为。让行为人知道他的做法是不能被接受的，指出它的结果，告诉他你所欣赏的行为，不要进行人身攻击。

⑤在人们面前真实地讲出你的感受：如果你受到伤害或很生气，以有尊严的方式说出来（在强化自我接受方面给每个人上一课）。

3. 用集体荣誉激励员工

集体荣誉激励指有目的地运用授予集体荣誉的办法，培养员工的集体意识，激发他们认识到自己的行为与集体的关系，自觉为维护和取得共同事业的成功而努力工作。这也是经营者一种成功的用人之道。**一般地说，人们都有集体荣誉感和责任感，只要激励得法，就会收到良好的效果。**

企业管理者的重要任务就是激发员工的工作热情，释放员工的内在潜能，使他们的热情之火在不同的岗位上迸射出动人的光芒。

如你是一个先进公司的一员，你的一举一动都要维护集体的名誉；如你是"信得过"班组的成员，你的产品质量就决不能马虎等，这些都是集体荣誉在起作用的结果。重视培养员工的集体荣誉感，这在日本一些颇有名气的公司就做得相当出色，松下电器公司有公司歌曲和价值规范，每天早晨八点，员工一起背诵价值规范，一起唱歌，像原始公社中盛行的"部落行为"。该公司的主管认为：这样做可在公司内造就一种聚合力，将全公司几万员工融为一体。事实也正是这样，许多松下员工为能做一个松下人而感到自豪。

根据一些公司的实践经验，小公司这种集体荣誉感的养成，主要可从以下几方面努力：

①集体目标的确定要同集体成员的利益相统一，这样可使员工意识到集体目标的实现关系到个人的切身利益。

②各种管理和奖励制度，要有利于大集体意识的形成。这样，可避免

形成以班组、车间为公司的小集团分割，有利于整体意识的培养。

③在集体中造成一种互爱、互助、互教的融洽气氛。员工之间相互依赖，有事共同商量，彼此以诚相待，争取相互之间的了解，这样有利于增进员工之间的团结，以形成一个强大的、充满生机的集体，进而发挥集体的力量。

④在条件具备的情况下，制作具有本公司特色的公司服装，编公司歌曲，定期举行本公司成立的纪念活动等，这也有助于加强集体荣誉感。

由此可见，激励是推进企业向前发展的永恒主题。用集体荣誉激励员工是经营者用人的一种成功之法，它能增进员工的荣誉感及崇高的责任感。

4. 发掘并发挥员工的长处

从心理学的观点来看，人心有好的一面，也有不好的一面，如何让好的一面或是不好的一面表现于外，这就看外在如何予以刺激。

人的内心犹如冰山一般，浮现在海面上的部分是意识状态，隐藏于海面下的是潜意识状态。

意识指的就是我们注意到、思考到的部分。潜意识则是塞满了我们从出生迄今所学过、所思考、所体验的所有事情，我们本身的长处或短处，也都潜藏在这个部分。

而潜意识之中的某些部分，会因受到意识的刺激或其他外来的刺激而转化成意识。

构筑企业的未来愿景，就是让员工在脑海中浮现出所要追求的美好前景，所能得到的未来希望。于是责任与使命感油然而生，其积极性随之被激励出来。企业内这种坚强的向心力一旦被激发出来，任何奇迹都可以创造。

可见，下属的内心世界是很丰富的，表现出来的是好的一面或不好的一面，就看领导者如何给予刺激。

那些认为下属全都不值得信赖的领导，未免就太不成熟了，若是因为受到一两个人的欺骗就怀疑所有的人，自然失去了成为大人物的条件。心胸、气度狭窄绝对不能够使事业有所发展。**信赖他人，努力地发掘他人的**

长处，这才是企业发展的要诀。

领导要针对每一位员工的才能给予不同的激励，充分地为其勾画未来前景，让他们为了美好的未来而努力工作，这是对员工最好的激励。

5. 努力让员工工作丰富化

激励双因素理论认为工作本身就是一个重要的激励因素。利用工作丰富化激励员工的积极性，应从以下几个方面入手：

- 要根据个人的能力水平和兴趣爱好安排相应的工作，使工作对个人有更大的吸引力；
- 一个人在一个岗位上工作了一段时间后（一般三年左右），如其能力水平表现殆尽，再无创新的欲望，就应调换工作，用新的工作焕发新的精神。

传统的工作设计指导思想是使工作简化。**专业化生产把一种产品的生产分解为若干基本的、简单的步骤。**一个未受过教育的人，仅仅通过简单训练就可掌握这一工作。20 世纪初期，泰罗把工作简化推向顶峰。他提倡研究工作的专门化和标准化，其激励的策略是由严厉的监督和计件工资构成的。但是，20 世纪 50 年代以来，由于工人文化水平的提高，工作简化，或者说简单、重复的工作，使人感到枯燥乏味。行为科学家开始对工作简化能否提高工作效率，是否利于调动人的积极性表示怀疑，从而提出工作丰富化的主张。

(1) 工作丰富化的基本内容

工作丰富化，又称工作丰裕化、扩大化，它是赫茨伯格首先提出的，其目的是使工作本身成为激励因素。通过工作丰富化，增强内激励，提高工作生活质量。工作丰富化是针对工作简化提出的。丰富化和简化是指一项工作的宽度和深度（即工作范围）。工作的宽度是指在工作中所完成的不同活动的数目。深度是指工人对如何完成这些任务的判断和控制的程度。工作简化，即工作的宽度小、深度浅，称为低范围工作。工作丰富化，即工作的宽度大、深度深，称作高范围工作。工作丰富化的基本内容如下：

①技能多样性。即完成一项工作需要运用不同的技能和才干。如，一

个汽车修理工，他既要会检修电路，又要会检修电动机、整修车身，还能同顾客接洽生意。

②任务整体性。即一项工作是一个整体，或者说一项工作从头到尾都要根据一个可见的结果来完成。**也就是说，一个人干的工作，是从头到尾的一件完整工作，他能看见最终成果。**

③任务的重要性。即要使人能认识到他所从事的工作对组织、对社会是重要的，不可缺少的。

④工作的自主性。即工作人员可以自主地安排工作程序和工作任务，并非在别人监督、指挥下完成。

⑤工作的反馈。即要求把工作完成情况及时反馈给工作者。

（2）实现工作丰富化的方法

①把几项工作合并在一起让一个人去干，使技术具有多样性。

②把一项工作由过去按工序由多个人完成，改为合在一起，由一个人完成，增加了任务的完整性，也增加了工作的意义。

③增加责任感，使工人有更多的自主权。**让工人在工作程序、工作进度等方面享有自主权，减少监督。**

④成立作业班组。当一种产品或一项服务太大或太复杂，一个人难以单独完成时，可以采取成立作业班组取代个人完成一系列“小”任务的方法。

⑤开辟反馈渠道，把信息反馈给工作人员。

6. 领导者以良好行为激励员工

企业的领导者，是企业生产经营活动的决策者、组织者和指挥者，也是企业员工的教育者。因此，企业的领导者除了通过各种工作激励员工的积极性外，还要通过自己的言行、思想情感影响激励员工的积极性。

（1）领导行为激励

所谓领导行为激励是指领导者通过自己高尚的思想品德，以身作则的模范行为影响激励员工。领导者的思想品德和行为如何，是能否激励员工、带好队伍的关键。古人讲：“其身不正，有令不从；其身正，不令而行。”**领导者身不正，说话办事就无力量，以其昏昏，使人昭昭。**领导言行激励，一要提高自身的素质，包括思想品德素质、知识素质、业务能力素质和作风素质；二要以身作则，就是要遵纪守法、廉洁奉公、身先士卒。要求群众做的，领导要首先做好；要求群众不做的，领导要首先不做。领导者的高尚品质、出众的能力和模范行动，本身就是一种巨大的号召力、影响力和对员工的吸引力，也是对不良风气的约束力。反之，必然是“上梁不正下梁歪”。

（2）支持激励

员工的良好行为都希望得到领导者的承认、肯定和支持，这是人们的一种心理需求，也是一种激励因素。

领导支持的含义具体如下：

①尊重下级。即尊重下级的人格、尊严，尊重下级的意见，尊重下级的劳动，而不能唯己是才、唯我独尊。

②信任下级。疑人不用，用人不疑。领导者要放手让下级人员在其授权的范围内大胆工作，充分发挥他们的作用。不要用人而疑，用而不信，大事小事都进言插手，甚至包办代替。更不能安插亲信，秘密监视，那样就不是简单的方法问题，而是品质问题了。

③支持、爱护下级。下级做得对、做得好的时候，要予以承认、肯定，需要表扬和奖励的要予以表扬奖励。对下级的难处要予以理解，对下级的困难要在物质上或精神上予以帮助解决。对下级工作中的失误，要勇于承担责任，帮助下级总结教训。

（3）关怀激励

所谓关怀激励是指领导者对下属在政治上、工作上、生活上给以关怀，激励人的积极性。**关怀激励，实际是一种情感激励。虽然它也要解决一些实际问题，但更重要的是感情的投入。**

关怀激励，一是政治思想上关怀，即关心下属思想的进步，政治的发展；二是工作上关怀，即关心下属是否学非所用、对工作是否满意、工作有何困难，并帮助解决，关心他们的业务水平提高；三是生活上关怀，即关心下级的疾苦，关心他们的衣、食、住、行，在条件允许的前提下，设法满足下属的合理需要。

第六章
沟通上下：在互动中增强凝聚力

在企业管理中，领导要成功，必先学会沟通。美国卡耐基公司总裁史都·雷文认为企业领导者若缺乏娴熟的沟通技巧，是很难获得成功的。他说："有能力做有效沟通的人，才能真正激励别人，也才能将好点子转化为行动，这是所有成就的基石。"

身为领导，单靠一己之力难成大事，唯有经常赖于他人的大力支持和合作方能完成使命。因此，企业领导者自身的成功与否，企业的利润高低，极大程度上取决于其与团队周围上下企业内外"沟通顺畅"的能耐和功夫。

一、领导者应与员工保持良好的沟通

优秀的领导者必须是一位精于沟通的大师！他们掌握了沟通之术，胸怀沟通之技，在企业经营和管理过程中，总是能够有效地激励下属和更有效地“沟通”上司，从而使整个团队在沟通中凝聚，在交流中团结，形成一股巨大力量，促使企业经营不断地创造良好的业绩。

1. 沟通是统一企业行为的信息交流

沟通，也叫信息交流。企业内部的信息交流，意在促进变革，使员工行为朝着有利于组织发展的方向努力。良好的企业内部沟通，有助于使员工认清企业形势，管理者决策更加合理和有效，并统一企业行为。

著名学者马克斯·韦伯曾说过：现代社会越来越趋向于网状金字塔型结构，在这种社会结构中每一个阶层、社会组织和个人都处于管理与被管理之中，管理是现代社会的永恒话题。正是管理，才产生了公共秩序；正是管理，才产生了工作效率；正是管理，才产生丰厚利润；正是管理，才产生了社会民主。可以说，人类社会走向现代文明的过程，也就是人与人之间管理趋向有效、有序的过程。

沟通是管理的最为重要的组成部分，可以说管理者与被管理者之间的有效沟通是任何管理艺术的精髓。以著名管理学专家亨利·法约尔为代表的“古典组织理论学派”曾提出著名的管理七职能论：计划、组织、人事、指挥、协调、报告、预算。这个理论基本总结了现代管理的各个基本方面，可以看出：无论是计划的制定、工作的组织、人事的管理、部门间的协调，企业间的交流，都离不开沟通，“沟通决定了管理”越来越得到实践的证明。

以欧美为代表的西方现代管理者，都把沟通作为其工作的重要内容。美国、英国著名的学府都相继开设了管理沟通课程，并把它作为工商管理硕士的必修课。美国著名未来学家约翰·奈斯比特曾说：“未来竞争将是管理的竞争，竞争的焦点在于每个社会组织内部成员之间及其与外部组织的有效沟通。”

良好的沟通不仅仅有助于管理，给企业带来丰厚利润，使社会组织提高效率，而且也会给个人生活带来无穷妙处。

沟通是事业成功的金钥匙。“人的本质是社会关系的总和。”西方人才学理论认为，个人事业成败受两大因素的制约：其一为自身因素，其二为社会环境。就个人才能发挥来讲，人际沟通状况是一个尤为重要的社会环境。事实证明，这个社会环境直接或间接地影响着人的事业。美国著名学府普林斯顿大学对一万份人事档案进行分析，结果发现：“智慧”“专业技术”和“经验”只占成功因素的25%，其余75%决定于良好的人际沟通。哈佛大学就业指导小组1995年的调查结果显示，在500名被解职的男女中，因人际沟通不良而导致工作不称职者占82%。由此可见，人际沟通多么重要！

日本企业之神、著名国际化电器企业——松下电器公司的创始人松下幸之助有句名言：“伟大的事业需要一颗真诚的心与人沟通。”松下幸之助正是凭借其良好的人际沟通艺术，轻车熟路于各种职业、身份、地位的客户之中，赢得了他人的信赖、尊重与敬仰，使松下电器成为全球电器行业的巨头。

企业管理实践表明：在统一企业行为中，管理者与员工之间的沟通，以及管理者之间、员工之间的沟通起着不可取代的作用。所以，保持企业内员工之间良好的沟通是十分必要的。

2. 有效沟通的基本原则

为了健全良好的沟通机制，企业经营者首先必须了解和掌握沟通的原则。

（1）准确性原则

当信息沟通所用的语言和传递方式能被接收者所理解时，这才是准确的信息，这个沟通才具有价值。沟通的目的是要使发送者的信息能够被接收者明确，看起来似乎很简单，但在实际工作中，常会出现接收者对发送者非常严谨的信息缺乏足够的理解的情况。信息发送者的责任是将信息加以综合，无论是笔录或口述，都要求用容易理解的方式表达。这要求发送者有较高的语言或文字表达能力，并熟悉下级、同级和上级所用的语言。这样，才能克服沟通过程中的各种障碍，而对表达不当、解释错误、传递错误给予澄清。

（2）完整性原则

当组织中的主管人员为了达到组织目标，而要实现和维持良好的合作时，他们之间就要进行沟通，以促进他们的相互了解。在管理中进行沟通只是手段而不是目的。这项原则的一个特别需要注意的地方，即信息的完整性部分取决于主管人员对下级工作的支持。主管人员位于信息交流的中心，应鼓励他们运用这个中心职位和权力，起到这个中心的作用。但在实际工作中，有些上级主管人员忽视了这一点，往往越过下级主管人员而直接向有关人员发指示、下命令，使下级主管人员处于尴尬境地，并且违反了统一指挥的原则。如果确实需要这样做，则上级主管应事先同下级主管进行沟通，只有在时间不允许的情况下，例如紧急动员完成某一项任务，下令撤离某一危险场所等，才采用这个方法。

（3）及时性原则

在沟通的过程中，不论是主管人员向下沟通信息，还是下级主管人员或员工向上沟通信息以及横向沟通信息，除注意到准确性、完整性原则外，还应注意及时性原则。这样可以使组织新近制定的政策、组织目标、人员配备等情况尽快得到下级主管人员或员工的理解和支持，同时可以使主管人员及时掌握其下级的思想、情感和态度，从而提高管理水平。在实际工作中。信息沟通常因发送者不及时传递或接收者的理解、重视程度不够，而出现事后信息，或从其他渠道了解信息，使沟通渠道起不到正当的作用。当然，信息的发送者出于某种意图（例如物价上涨时，调整员工的心理承受力），而对信息交流进行控制也是可行的，但在达到控制的目的后应及时进行信息的传递。

（4）灵活运用非正式沟通原则

这一原则的性质就是，只有当主管人员使用非正式的组织来补充正式

组织的信息沟通时，才会产生最佳的沟通效果。非正式组织传递信息的最初缘由，是一些信息不适合于由正式组织来传递。所以，在正式组织之外，应该鼓励非正式组织传达并接收信息，以辅助正式组织做好组织的协调工作，共同为达到组织目标作出努力。

3. 努力营造自由沟通的气氛

沟通是信息交流的纽带，是通往成功的桥梁，可以说良好的企业沟通有助于上下同心，认清企业形势，有利于管理者统一企业的行为。

作为领导者，要学会帮助员工掌握分享各种信息的最佳方式和寻找工作问题、个人问题答案的最佳方式。每个公司文化都提出了沟通的适当方式，要熟悉自己公司的模式，并在必要的时候作出改进。

仅仅实行“开门政策”，并不能减少员工对踏入上司办公室的畏惧感。只告诉员工可以到“人事部门”去解决问题是不会有成效的，因为他们的主管或许不允许其离开工作岗位。引导员工进行更多的自由交流就会避免此类现象。

公司里的人际沟通既复杂又简单，有时企业领导者人为地设置了沟通的障碍，而却并未意识到他阻碍了人们相互交流的机会和动力。

促进自由沟通要求企业经营者首先必须做到：在通过个人接触、备忘录、会议、业务通讯、信件以及其他方式进行的信息、情感交流中，要表现得开诚布公、诚实、一丝不苟。**如果领导者封闭、自我保护、心存戒备，那么员工也会表现如此。**

无论何时，只要领导者发现了，就要对成功的沟通进行褒奖。记住，人们会模仿其认为适当的，能赢得好感的行为，对于由于有效地沟通而成功完成的项目或任务要用赞扬的态度予以承认。尤其要注意对于沟通起促进作用的情况。

为激发沟通，要召集主要参与人，问他们一些关于目前的问题，让与会者相互介绍其所进行的工作，要寻找那些人们可以一起工作的方式，鼓励他们在小组会议上就这些共同工作的机会自由讨论，在这些小组会议上，其他人观察合作的进展情况。问带有疑问词的问题（使用诸如“谁”“什么时候”“哪里”“为什么”“怎样”之类的疑问词），然后调动几个人直接跟小组其他能从回答中受益的成员进行交谈，过些时候领导就能够退出谈话中心，而让其他的参与者直接相互交流。**领导可以在一两个参与人身上下功夫使这一交流过程得以开始，而当退出谈话中心时，其他人就会加入进来。**

许多员工认为上司或他们视之为领导的人应当作为“交换台”来传递信息，他们告诉领导一些事情，让领导再去告诉他人，他们会要求你找出某些人有可能了解的事情。你越是让自己充当这一“交换台”的角色，而不是让这些人直接相互交流，他们就越依赖领导，而放弃相互的交流。除非领导因为某种原因而需要这种对沟通的控制，否则，让它自由进行吧！只要领导仍然需要信息，就应允许这种自由沟通。

4. 有效沟通来自双方的相互理解

一些企业领导者至今没有真正理解“沟通”这个名词，在用人管理中，很多经营领导者都认为所谓的“沟通”就是让双方把想说的话都说出来。

其实不然，这种认为只要把想说的话都说出来，就是尽到沟通责任的想法，往往不能解决所有问题。重要的是这个错误所造成的困扰。如果只是一味地怪罪“倾听者（下属）没有用心听”，事情还是没办法解决。

沟通并无好坏之分，唯有去考虑其优点和缺点，才能解决问题。

不妨做个简单的沟通练习就知道了。

在传达讯息时，不给对方发问的机会，只由说话者做单向发言。

情况好的话，有50%的信息可以正确传达给倾听者，但也有可能两者间讯息的传达和接收完全错误。

另一方面，即使说话者不擅言辞，如果能给倾听者确认的机会，那么90%以上的信息，仍旧能正确传达。

信息的接收有赖于倾听者的理解力。

所以，在工作时的说话者，必须抱着“详细说明”的态度，借以表达自己的意思，这样才能达到真正的沟通。

在有了“沟通是从误解开始”这种体会后，一切的沟通才有可能成功。

5. 情感是有效沟通的润滑剂

企业中，领导者同员工良好的沟通直接影响着企业的发展，如果领导同员工彼此有好感，则更有助于沟通。

领导与员工融洽地交往，最重要的是相互的情感交流。同事间，首先以是否融洽地沟通了感情，作为对对方意见采取容纳或排斥态度的分水岭。相互感情不好，交往起来，就可能会对对方的意见形成排斥的态度，以后任何时候遇到任何好事也不会再接受。**企业领导者必须深刻理解：融洽地沟通，重要的是建立感情。**

但是，如果对这一问题的重要性认识不足，为了想使自己的主张获得通过而挫伤了对方的感情，就会形成抗拒的情绪。越是强调自己的主张，越将遭到抗拒。

经营者必须使自己的设想和命令、指示等为下属所接受。特别是在对艰难的目标进行挑战时，必须使下属接受较高的要求。这时，能使下属怀有愉快接受的心情的是他们对经营者的好感和信赖感。下属这种好感和信赖感的形成，有赖于经营者平时不断施加影响，也就是要进行我们通常所说的“感情投资”。

在企业管理中，常常会遇到这种情况：一位领导布置一项工作，贯彻不下去；换了个领导，布置同样的一项工作，就能顺利地贯彻下去。从权力的隶属关系来看，两位领导都是权力的拥有者，凭借他们拥有的权力，都可以影响他的下属，指挥下属的行动。但这种影响、指挥的实际效果为何差别这么大呢？**这只能说明，一个经营者对于员工的影响力、指挥力并非完全来自于他所正式拥有的权力。**我们把源于正式权力的影响力称之为职权影响力。对于一个正式经营者来说，这是他对员工施加影响的基础。如果没有这一个基础，这个经营者就只能是一个非正式的“领导者”。但是，另一方面，一个经营者如果要顺利地开展工作，仅有职权影响力又是远远不够的，还需要具备非职权的影响力，也就是要使员工对其有一种信服感、信赖感。只有这样，企业经营者开展工作才能如鱼得水、得心应手。而这种非职权的影响力，并不像职权影响力那样是一纸委托书就能赋予的，而是要在工作实践中培养、积累的。作为一个经营者，办事要公正，要不断提高自己的品德修养和业务水平，尊重员工，创造一个能让员工充分发挥才干的环境，培养相互间的好感。

实际上，员工是从多方面观察领导者言行的，通过观察，产生好感、信赖感，或产生恶感、不信赖感，结果就形成对上级领导接纳或对抗的情绪。为了使交往进行得融洽，经营者还应努力使下属理解自己不单是为了求得下属的充分信任而去迎合他们，而是为了自觉地执行自己作为上级应尽的职责，为达成艰难的目标而认真作出努力，和员工一同去奋斗，去创新，大大提高凝聚力。只有以这种真挚的态度，取得员工的好感，才能使员工形成愿意接纳上级意见的态度，从而使工作开展得更为顺利。

6. 领导者聆听员工的心声是最好的沟通方式

一个企业、一个团队，总会有不同的声音，总会有与经营者不同的意见和建议。善于沟通的经营者，总是经常地想尽办法注意收集这些声音与意见。聆听就是其中最有效的方法之一。

绝大多数的企业经营者都有强烈的自我主张，这种主张一方面可以帮助他们果断、迅速地解决问题，而另一方面也会极不易倾听别人的意见，一意孤行，从而导致工作上的失利。

在实际工作中，一个好的建议，有创意的想法往往会给公司带来意想不到的巨大利益。**经常让员工有反馈意见的机会，是成功的管理者的一个十分明智的做法**。要让自己的员工清楚地认识到，企业领导不仅允许，而且鼓励他们提出自己的看法和主张，并且会认真地加以对待。如果能对不同的意见一直保持宽容的态度，员工们就能比较自由地提出自己的观点，或是对别人的看法进行发挥。实际上，一个人由于知识的局限性和看法的片面性，会忽视很多具体的问题。有些情况也许你并不重视，但它却可能会对实际工作产生深刻的影响。只有广泛地听取别人的意见、看法，并认真地加以分析，才能避免工作中由于疏漏造成的失误。也只有这样，才能鼓励员工开动脑筋，不断地思索，积极有效地去完成各自的工作任务。

此外，在日常生活中，注意聆听员工的心声，是团结员工，调动员工工作积极性的最有效的办法。

一个员工如果失去了干劲而意志消沉时，是绝对无法执行企业领导者交给他的任务的。**这时，只要耐心地去听听造成这种现状的原因，就会找出事情的症结，从而得到很好的解决办法。**

对待犯错误的员工，好的企业领导者同样采用聆听的办法，不是一味地去责怪他们，而是要给他们解释的机会。就拿最常见的迟到来说，迟到了一两分钟是否应该责骂？一年中偶尔迟到一两次也要教训吗？因生病或交通问题而迟到的人，又该如何处置？要处理这种种不同的情况是很难的，搞不好，还会招致不良的后果。

那么，该怎么办呢？给他们解释的机会。

“你为何这样？你这种情况是如何产生的？”从他的回答里也许你可以获得解决的办法。

“因为我忘了拨闹钟，所以起得太迟，我以后会小心的。”能够如此坦白的员工，就表示他只是一时疏忽，日后必会改善。因此，不必过于责备。

“最近老觉得很疲倦，晚上睡不好，胃也难受，顺便去医院看了一下。”若因为这样的原因而迟到，则已经不是一个简单的规则问题，而是牵涉到健康的管理了。遇到这种情形，作为上司不仅要查出员工身体上的原因，更要注意他的精神困扰，比如：是否由于家庭不和、感情纠纷、通宵打牌或工作上的烦恼。只有弄清楚这些个别的情况之后，领导者才能够对症下药，提出一套处理办法。

遗憾的是，不是所有的员工都会告诉领导者真实的原因，所以不要尽信他们的回答。在领导者询问员工时，他们或闷声不响，或心神不定，甚至喟然叹息……对这些反应领导者都要仔细观察。从观察中，可以猜到真相，然后可以进一步问他是否如此，对方若被看穿了，就会说：“对！实际上就是如此。”然后将他的困难一一说出。

到了这时，事情就好办了，就可以和他共谋对策，以员工的意见为主要参考，再从旁协助，问题就可迎刃而解了。但是有些公司企业领导者因过于相信自己的权威和经验，缺乏沟通，对于员工的过失总是草率诊查并妄下处方，其后果将是不堪设想的。

二、掌握娴熟的沟通技巧

1. 领导者与人沟通的语言技巧

语言，对沟通的效果有着直接的影响。

每个企业领导者都会碰到与员工个别谈话的问题。

有的员工很会“谈话”，不管什么人，也不管什么复杂的问题，经他一谈就迎刃而解。有的员工却不会谈话，甚至一谈就崩，原本并不复杂的问题，经他一谈反而复杂了。

这说明个别谈话其实并不简单。**不同的谈话对象和不同性质的谈话，在语言运用上应该有所不同。**谈话对象个体之间的差别是很大的，不同的出身和经历，不同的文化程度和性格，不同的年龄和性别等，都有不同的心态，并影响着对外部事物的接受和理解。

一般地讲，知识分子理性概念较多，谈话时道理应讲得深，语言文雅并注意逻辑性。

文化水平较低的人理性概念相对少些，谈话时讲道理应深入浅出，并注意多谈些实实在在的事。

性格开朗的人，喜欢快语，不喜欢拐弯抹角，与其谈话可以开门见山，直截了当。

性格内向的人，往往思想含蓄而深沉，与其谈话不能过于直率。

年纪大的人阅历丰富，与其谈话切忌说教。

年轻人阅历浅，有的涉世不深，谈话时就应该多讲些道理。

谈话内容不同，谈话的方法要有区别。

表彰性谈话有人以为最好谈，其实不然，表彰在于产生良好的社会影响。因此，谈话要阐明表彰的理由，注意分寸，留有余地，不能讲过了头，更不能把表彰变成吹捧，要引导向更高的目标和层次，如果不引导，谈话就没有什么意义。

批评性谈话，也许是最难谈的，但只要方法得当，也可以变难为易。批评性谈话，要尊重对方的人格，以诚待人。要轻“批”重“评”。批是指出所犯错误的性质；评是讲道理，重教育，启发思想觉悟。如果只“批”不“评”，就会变成训斥，被批评者不但难以认识自己的错误，还有可能因道理上没有想通而顶起牛来。

此外，**批评要力求准确，批评性谈话最忌讳的问题是批评不准确，与事实不符最容易引起反感的对抗**。所以批评性谈话一定要把各方面的事实和情况搞清楚，说话要有根据。

“感人心者，莫先乎情。”即兴讲话的特点决定了讲话者和听者之间距离最近，讲话者摆脱了文稿的制约，有充分的时间和空间与听者接触、交流、融合。

听者也一改那“填鸭式”讲话中充当“听筒”的被动态势，有更多机会与讲话者沟通。

讲者与听者形成一种“和谐”的境界。这种和谐境界就是一种心灵的沟通、情感的交流，而能否达到这种境界的关键在于讲话者。因为在整个讲话过程中，讲话者始终处于主导地位，掌握着心灵沟通、情感交流行为的主动权，掌握着打动听者的主动权。

心理学的研究证明，目光交流是人类情感交流的最佳方式。即兴讲话的主体由于跳出了文稿的桎梏，讲话者的目光便有更多的时间停留于讲话的整体氛围中。这种扭转既包括静态的会场，同时也包括与讲话者息息相关的听者。这种目光停留，实际上是一种招呼、问候，听者就会产生一种被人注意的感觉，同时对讲话者也不知不觉地萌生出一种信任感。

这种信任感的反射对讲话者来说又是一种无声的致敬。听者此时此刻的心理活动是讲话者在瞬间必须捕捉的对象，因为眼神交流只是表层接触，它无法反映更深层次的东西。这种捕捉过程实质上是一个由表及里、由此及彼的过程。讲话者设身处地，站在听者的位置上，扣住听者的心弦，运用听者的思维方式，提出问题，分析问题，解决问题。然后再上升到理论高度，指出这种思维方式的得失利弊，让听者做出讲话者此行是专门为其而来，即兴讲话是专为解决其问题而作的判断，要使即兴讲话始终处于一种良性循环的状态，并时时泛起情感的涟漪。

讲话中领导者的手势是语言的补充，手势使语言更有节奏，更有动感，更有活力。

掌握一定的语言技巧是领导者沟通能力的重要反映。无论在企业的内部或者外部，出色的语言艺术都会对沟通效果产生直接的影响。因此，领导干部的语言艺术在领导工作中是相当重要的。一个好的讲话或是事实有据、逻辑严细，或慷慨激昂、浩气凛然，或声情并茂、引人入胜，或机智幽默、妙趣横生，足以使人坚定对崇高理想的信念；足以使人增加知识，明白道理；足以动人心弦，促人奋发；足以给人欢乐，得到美的享受。

2. 领导者与员工沟通中的倾听技巧

领导者与员工沟通是要讲究倾听技巧的，具体表现如下：

(1) 要有良好的精神状态

在许多情况下，之所以不能认真倾听对方的讲话往往是由于肌体和精神准备的不够，因为倾听是包含肌体、感情、智力综合性的活动。**在情绪低落和烦躁不安时，倾听效果绝不会太好。**

(2) 排除外界干扰

在与别人交谈时要排除有碍于倾听的环境因素，如尽量防止别人的无谓打扰及噪声打扰等。

(3) 使用开放性动作

人的身体姿势会暗示出他对谈话的态度。自然开放性的姿态，代表着接受、容纳、尊重与信任。根据达尔文观察，交叉双臂是日常生活中普遍的姿势之一，一般表现出优雅而富于感染力，自信十足的状态。但这常常自然地转变为防卫姿势，当倾听意见的人采取此姿势，大多是持保留的态度。

(4) 及时地用动作和表情给予呼应

用各种对方能理解的动作与表情，表示自己的理解，如微笑、皱眉、迷惑不解等表情，给谈话人提供准确的反馈信息以利其及时调整，还应通过动作与表情，表达自己的感情，表达自己对谈话和谈话者的兴趣。

（5）适当适度的提问

这有利于你把自己没有倾听到的或没倾听清楚的事情彻底掌握，同时也有利于讲话人更加有重点地陈述、表达。提问也是一个技巧性很强的方法，应用提问时应注意以下几方面：

①建立在理解的基础上。作为小公司企业领导者，设身处地地理解别人，是必备素质之一，以理解的态度交谈，就能认真倾听，就能诚恳而准确地提出一些双方都能接受问题。从而更有利于双方的沟通。

②注意提问的时机。**倾听中提问的时机十分重要，交谈中遇到某种问题未能理解，应在对方充分表达的基础上再提出问题**。过早提问会打断对方思路，而且显得十分不礼貌；过晚提问会被认为精神不够集中或者没兴趣，也会产生误解。

③注意提问内容。提问就是为了获得某种信息，问什么要在倾听者总目标的控制掌握下，把讲话人的讲话引入自己需要的信息范围。

④注意提问的速度。提问时话说得太急，容易使对方感到咄咄逼人，引起负效应；说得太慢，使对方心里着急，不耐烦。

3. 运用好沟通的特殊手段——暗示

暗示性的沟通既能起到沟通的作用，又能打动员工的心。

既然是暗示，就不可直截了当，直统统的话语是暗示之大忌。**对那些生性聪慧、自尊心又较强的人，多使用暗示最好不过**。婉转、隐喻的言语，不仅可以满足对方自尊的这种心理状态，而且还可以使自己的想法通过暗示，经过别人的实践得以实现。多暗示成功的可能性能将那些趋于中间想法，或犹豫不定的人归结于自己一方，合力发展壮大自己周围的力量。

假如你在企业中是个具有一定职权的人，你除了必须具有的专业知识、优越的技能之外，要与你的下级、下属进行有效地沟通，还必须在暗示这门“功课”上多费些心思，勤加以研究。那种不讲究方法的说服，只是单方面的发号施令而已。应该记住不要让对方感觉到不安，努力提出具体、细致、周到可行的方法，使对方在心里感觉到他自己的确可以胜任，表示容易可行以使对方树立坚强的信心，如果仅仅要求对方应该这样做，应该那样做，以一副高人一等的声态出现，对别人耳提面命，只能使对方陡然陷入迷乱、混沌和不知所措的境地。

暗示员工做某件事，必须利用具体的方法，举具体的事例让他了解。任何事情都要经过一番努力，而且在物质上和精神上都要暂时有所牺牲，说明这种牺牲是为了即将而来的更大的利益。暗示具体的结果是不容忽略的步骤，只有这样才能使人了解做此事的价值并且感受到吸引力，以引起采取行动的欲望。行动欲望的强弱常因所获得价值之高低，所付出代价之大小，以及被说服者本身欲求之强度而异。暗示打动人心的决定性力量来自可能性和价值（吸引力）之乘积。

暗示成功的可能性，并鼓起对方行动欲望的具体方法如下：

①提示实物。**不借助言词说明而直接提示实物，比间接说明更能打动人心**。推销物品的推销员，如果把成品直接展示在顾客面前，想必会节省许多口舌。让顾客亲手抚摸、目睹、品尝，再配合详尽的解说，一定会激起顾客的购买欲，事实胜过雄辩，提示实物是让对方认识价值的最直接方法。

②提出权威人士的证言。人的心理总是相信专家、推崇权威，认为他们的被信任度高，其他人总不如他们具有分量，所以在暗示对方时，如能提出某专家的证言，一定会有助于你暗示值的提高，这正是利用了人们迷信权威的心理。

③加以证明。别人已成就的事实摆在面前，除了被暗示人能提出特别的反证之外，不容人不相信。但是我们也可再加一层合乎逻辑的证明，使对方心悦诚服。

④举出证人。生活在自己周围的人所认可的事物价值，往往更能动人心弦，如对你暗示的人说：“隔壁的老王听了我说的话，果然马到成功……”就会更加深被暗示人对你所说话语的信任度。

⑤出示资料。“据统计，全市有××%的人使用了这种产品……”以数字来说明，更具说服力。

4. 善于在沟通中委婉地拒绝

拒绝是人际沟通中较难把握的一种表态方式。在企业管理中，领导者时时需要做出拒绝的表态，以统一企业行为，实现企业目标。拒绝有多种方式，最有效的则是以委婉的态度予以拒绝。这不仅会使员工感到亲切，从而能有助于领导与员工进行深一层的沟通。人在各方面所受到的限制很多，比方外在的有时间限制，内在的有能力的限制，而我们所拥有的一切物质也均有其限度。

人如果不受主客观各种条件的限制，则这个世界上不会产生说服和拒绝的多种苦恼。实际上，我们不得不经常面临被拒绝或拒绝人的境地。

领导在拒绝员工时，应当尊重对方的立场，以不伤及其感情的方式婉言拒绝。至于具体的拒绝方法可大约分为以下数点：

（1）以和蔼的态度拒绝

不要在他人开口要求时即予以断然地拒绝，这是非常不礼貌的，也是没有修养的具体表现，不要让拒绝成为一种机械性的反应。对他人的请求迅即采取反驳的态度，或流露出不快的神色，或坚持完全不妥协的态度，或忽略、藐视对方等，都是不妥当的。必须以和蔼的面貌和态度待之，抱着使对方产生好感的态度，诚恳地应对。

（2）积极地听

不容分辩，过分急躁地拒绝最易引起对方的反感，应该耐心地听完对方的话，再予以委婉地拒绝。

（3）舒缓对方的情绪及抵抗感

对于他人的请求，表示出无能为力，或迫于情势而不得不拒绝，再加一句歉语："实在对不起！""请您原谅。"等，便能不同程度地减轻对方因遭拒绝所受的打击，亦可舒缓对方的情绪及挫折感。

（4）应明白干脆地说出"不"字

拒绝的态度虽应温和，但是明显不能办到的事，却应明白地说出"不"字。模棱两可的说法使对方怀有希望，易引起误解，当无法实现时，会使对方觉得受了欺骗，如此引起的不满往往更加强烈，宜特加注意，晚断不如早断。

人本管理——开发企业最宝贵资源的策略

(5) 说明不能接受的理由

应该让对方明白，自己的拒绝并非是毫无根据的借口，而是确有某些无可奈何的原因，确有某种苦衷，具体地说出理由及原委，请求对方的谅解。

第七章

批评有术：做谙熟批评艺术的高手

作为企业领导者，在其实施管理的过程中，批评与表扬、责备与褒奖，都是与员工沟通的有效手段。然而，基于人的共性，批评是任何人都不想得到的，这就为领导者的工作带来不便。因此，高明的领导者不仅应是一个善于嘉奖下属的“施官”，更应是深谙批评员工之术的高手。

领导者应明白，批评的目的在于促使员工认识和改正错误并且发生良性转变。因此，领导者只有认识到了批评的目的所在，加之有效的批评艺术方法，才能从爱护人、激励人的愿望出发，以真诚的友爱、诚挚的精神，用好人才，留住精英。

一、批评员工需要讲究方法与艺术

美国杰出女企业家玛丽·凯·阿什说过："对于犯了错误的下属，如责备有方，犹如快马加鞭，下属会将此作为鞭策，作为动力，从而干劲十足。"只有讲究艺术的批评才能真正被人接受，也才能真正达到批评的效果。

1. 批评是一种有效的管理方法

在企业中，经营者对员工既要有称赞，也要有批评。称赞是对员工价值的承认，批评则是针对员工缺点和错误而进行的用人管理。

批评是斗争，斗争就要讲艺术。讲究艺术的批评才能真正取得激励效果，也才能真正达到用人管理的目的。

批评之目的，在于促使员工认识和改正错误并且发生转变。经营者只有认识到了批评的真正目的，才能从爱护人、激励人的愿望出发，才能有真诚的友爱，如火的热情，诚挚的精神；才会有诲人的诚意，容人的雅量，帮人的耐心。

在实施批评中，对有错不认错的人必须严肃、严厉批评，对已认错的要适可而止，见好就收，特别是那种已经知错且心理压力较大的，不应再加批评，而应给予安慰。员工一旦发生过失，或者训斥责骂，或是批评的同时辅之安慰。同是批评，这两种教育的态度，效果是截然不同的。下属出现失误和错误，既要分清性质、程度及危害，不失时机地予以教育处理，又要与人为善，留点面子，不伤其人格，避免因方法不当激化矛盾，以致产生顶牛对立的后果。当然，要防止以讲究批评艺术为名，使批评变成无原则的让步甚至媚化，即态度虚伪，含情脉脉，话语委婉，使批评本义荡然无存，将积极的管理用人艺术变成一种温文尔雅、毫无原则的调和主义。

正确而有效的批评，是摆事实，讲道理；动之以情，晓之以理；将心比心，换位思考；尊重他们的长处，理解他们的难处，关心他们的苦处；在大道理和小道理的结合上，通过耐心说服教育和民主讨论，和风细雨地疏通引导，实事求是地指出他们认识上的短处、方法上的错处、工作上的差处，使其能够心悦诚服。不论怎样批评，**最好能动用一种使对方便于接受的方法，指出其行为如何错误以及应该采取何种行为，以取得对方的理解，让人心服口服。**

当员工只接到企业主管领导要求其改变不良行为的命令，却没有接到如何正确行动的指示时，这种命令的作用显然不大，下属有可能对上司的指令不予理睬或予以抵制。改变人的不良行为如同治水，仅去筑起一道拦水大堤，而不修个疏通的河道，会造成可怕的水患。如规劝“烟鬼”戒烟，除非他确信吸烟的危害、戒烟的好处，否则不会主动去戒烟。这个正确的思想觉悟必须来自他自己的思想觉悟，而不是在别人的强迫下接受的观点。这就需要企业领导者讲究批评的艺术，使得员工心服口服。

2. 讲究艺术的批评可以启发员工自省

启发员工自省对于企业领导者来说是一种用人管理艺术。

经营企业就需要与人相处，相互间难免有不同意见，或是下属员工有做错事的，每当这时就不可避免地要说上几句。那么在企业员工之间开展批评，怎样才能做到既坚持原则，严格要求，又使被批评者心悦诚服、乐意接受呢？下面介绍的案例将对企业领导如何注意批评的艺术，提供一些启示。

(1) 巧妙暗示，一点即通

某企业一部门负责人在工作例会上讲了几句牢骚话：“常年在外奔波，累了妻子、苦了孩子、亏了自己。”露出了消极的情绪。这时，他部下的一位员工听后觉得此话不妥。但是，他是部门领导如果直接进行批评，可能难于接受，效果不一定好。于是，他紧接话茬，加重语气说：“真是当牛做马呀！”部门负责人为之一怔，马上说：“你这话不对头啊！”这个员工轻松地一笑：“牛是老黄牛，马是千里马。”他的话把旁边的人都逗笑了。可是，这位负责人却认真起来，批评这个员工这样说不合适。这位员工不急，说等他讲完一个小故事后，再批评也不迟。他说：“故事是这样的，儿子在外边打架，别人到父亲那儿告状，父亲气得挥手要打儿子。儿子说：'你知道打人不对，怎么还打我？'父亲顿时张口结舌，缩回了已经高高抬起的手。"听到这里这位负责人惭愧地笑了，说："你暗示得好，该批评的是我，我的消极情绪应该克服。"旁边的几位员工也称赞这个员工的暗示批评用得巧。

批评的出发点是让人认识错误、改正错误。发现自己的同事有缺点，通过暗示提醒他，使他认识到自己的不足，并加以改正，这样的效果不是也很好吗？

(2) 寓批评于建议，启发自省

某企业一位员工利用工作之便私吞公款600多元，这件事反映到主管那里，该主管却以这位员工平时工作表现较好为理由，只做出了退款、在会上做检查的处理决定。这件事传开后，员工们沸沸扬扬，议论纷纷，说这样处理不对。但主管还是坚持了自己的意见。

经理出差回来后复议此事，没有人吭声。经理已经了解了情况，会上冷场的原因他是知道的。他想，自己的下属处理那位员工的意见是不当的，但这时如直接批评，效果一定不好，不妨寓批评于建议之中，他也许会接受。于是他首先肯定了其工作动机，主管听后，心里为之一震，火气消了大半，开始平心静气地思考问题。议论了一会儿，经理用建议的口吻对主管说："处理此事，要顾及后果。如以此为先例，影响很坏。今后再管别的员工腰杆就不硬了，你看这样处理是不是要好些……"该主管思忖片刻，紧皱的眉头松开了。主管认识到自己的错误后，连声称赞经理的建议式批评法用得好，使人茅塞顿开，带头举手同意经理的建议，重新严肃地处理了这个问题。事后，员工无不称赞经理与下属主管之间工作配合得好。

同样一个动机，方法很重要，若达到动机与效果的统一，就必须注意方法及后果。以建议的方式进行批评，告诉被批评者应该怎么做才对，让他从对比中领悟到自己错在哪里，且又感受到批评者对他的尊重，会使被批评者更乐意接受批评。

对人的管理，批评是不可避免的。身为企业管理者务必要懂得：批评的目的，就是通过对少数人造成心理压力来约束和引导其本人和其他员工的行为，恰当的批评会达到激励人心，促进生产之目的。

3. 讲究艺术的批评的十个特性

怎样批评别人，这里面有着很强的艺术性，批评得法，会让员工感到企业领导是在关怀他。反之，员工则会认为是在有意和他过不去。因此在实施批评时就需要把握下列十个艺术特性：

①一贯性。批评最忌忽冷忽热。要有敢批评的习惯，让大家说：他就是这样。

②平等性。批评最忌三亲两疏。不管是谁都敢批评，让大家说：他对谁都一样。

③坚定性。批评最忌犹犹豫豫、吞吞吐吐。看准了就要帮到底，不解决问题不撒手。

④感情性。批评最忌“后娘心肠”。**不管是对错误轻的，还是对错误重的，都要动之以真情、实情。**

⑤鼓励性。批评最忌把人看死。批评的目的是让人改过，所以对谁都要给予鼓励，寄予希望。

⑥说理性。批评最忌缺乏理性。批评的目的是让人晓之以理，实际上批评的过程就是说理的过程。

⑦准确性。批评最忌捕风捉影。对错误有一说一，有二说二，不夸大，不缩小，不无根据地乱说。

⑧灵活性。批评最忌千篇一律。**批评人要看场合，根据被批评者的错误程度、性格等情况的不同，选择不同的方式方法。**

⑨适时性。批评最忌时过境迁。批评要及时，不能等到“秋后算总账”。

⑩渐进性。批评最忌急躁情绪。批评人要循序渐进，不能搞“立竿见影”。

4. 批评员工之前要三思而行

企业中的员工，都有不同的特点和想法，所以，如何对待犯错误的下属，是领导者在批评教育中必须谨慎对待的问题。处理得当，双方满意，则促进工作；处理失当，则为自己树敌，增加工作阻力。**切记批评前一定要了解情况、三思而行，掌握尺度，方可惩前毖后，治病救人。**

企业领导者在对员工提出批评之前，先要想清楚下列6个问题：

①对方会立刻接受这个批评吗？他可能正处于困难时期，极其脆弱。如果想和他谈一些麻烦事，得先想想现在是不是时候。

②能耐心地等待他从打击中恢复过来吗？你在提出严重批评的时候，必须了解对方的心情。他可能感到彻底绝望，难以继续工作。也可能要从领导这里得到证实，证实他不是被当作不合格的人来看待，而只是某件事上出了差错。领导要告诉他，在另外一些事上觉得他干得更好。批评必须要有表扬作为缓冲。

③此人以前听到过这种批评有多少次了？如果你感到你只是在自个儿不断地重复这个批评，再说一遍显然是没有用的。你现在要注意了解的不是他犯的错误，而是为什么他在受到这么多批评以后仍无改进。是不是还有别的什么该做而没有做的事情呢？让他来帮你解决这个问题吧。

④提出批评之后，被批评者能有什么反应吗？你应该知道，为了有所改进，被批评者该做什么。

⑤是不是自己的一些问题使得提出这个批评？领导有时有可能感到来自员工的威胁，感到不受欢迎，莫名其妙地想批评他们。**不要根据自己的情绪，而要根据实实在在的原因做出批评。**

⑥是否知道被批评者需要的是不是另一个方面的批评？如果把自己也放在被批评者的位置上，想想在受到了这样的批评之后会有何感想，就会有了答案。

如此考虑后，领导者的批评一定会有理有度，收到效果。

批评是一种有效的管理方法，但领导者只有认识到批评的目的所在，并讲究艺术的批评方法才能真正地被人接受，也才能真正地达到批评的效果。

5. 批评者要有“绅士风度”

批评的艺术要求批评时要注意领导者形象。领导者实施批评应有点绅士风度，不宜火冒三丈，暴跳如雷，但情绪太平静，又会给人一种问题不大的感觉，而对批评不予重视。批评人时，可不掩饰内心的忧虑和愤怒，有节制地发发脾气，那会产生戏剧性的效果。当然，发泄对象是事而不是人。物极必反，发怒要谨慎，经常与下属发生吵闹的人，永远不会成为好的领导者。至于加入个人感情成分，为发泄自己的郁闷而批评人，则背离了批评本义，也达不到批评的目的。

从批评的全过程来看，有的开始尚能冷静，但在批评的过程中，感情也发生了起伏变化，兴奋激动，越说越火，甚至涉及对方的人格问题，这是一种最不可取的批评方式。那样做会使人不但对批评不予理睬，甚至会当面反唇相讥，导致双方关系僵化。人们对语言的刺激是最敏感的，仅说几句过分出格的话，就足以使人心扉紧闭。正确有效的批评，绝对不要掺入个人感情用事的成分，而应该十分冷静，处处体现说理性。**真正有效的批评，应该是一次感情经过细腻处理的、冷静的、充满理智的谈话。**下面的方法有益于领导者的批评艺术：

（1）降低声音和语速

据心理学家分析，一个人说话的声音和语速反映一个人的内心世界。声音大、语速快的人必定风风火火。对于一名领导来说，声音适中、语速平缓无疑是其领导魅力的最好体现。因此领导者在批评下属时，应适当降低声音和语速，以展现领导风采，收到“惩戒”下属之效。

（2）批评应当及时

及时的批评，能让受批评者及时得到教育，把批评当作是一种很好的学习机会，及时改正自己的缺点，促使他们以新的面貌投入今后的工作。因此，批评勿拖延，时过境迁再翻旧账，易给人以“秋后算账”之感，需要批评时，要尽快进行，不要以为今天忙而过几天想起来再批评。因为人若有错，心生内疚，并做好挨批评的心理准备，但领导几天没有举动，很容易使人产生领导忙，顾及不上，此事无关紧要，或领导怕我而不敢批评等误解。结果，拖延批评很可能使同样的错误重复出现，再次发生。搞积累式、算账式的批评，则使人难以接受，并容易使人联想到，原来领导早就在不露声色地观察、算计我，暗暗记着我的账。**正确的方法是，纠正人的缺点要讲究步骤，循序渐进，一次只纠正一个缺点。**若对人有三点不满，应该分三次提出来。须知一下子向对方提出很多缺点，实际上对方能够留意改正一个就不错了，能够同时改正两三个缺点的人并不多见。明智的做法是提示对方改正一个缺点，直到改正了为止，此时再提出纠正另一个缺点。

（3）选择好批评的时机

选择批评人的时机是很重要的。**经验证明，当一个人理性因素占上风时，能够尊重事实，头脑冷静，能虚心听取批评。**而当其情绪因素占上风时，就会失去理智，蔑视事实，具有极大的偏见，这时不注意“冷处理”，非要牛不喝水强按头，只会适得其反。批评人，原则上要在对方刚发生问题时及时提醒，一旦错过这个机会，会因对方记忆淡漠或印象不深而降低了批评效果。

6. 批评方式要因人而异

领导在批评员工时要看批评的对象，对于聪明细心的员工，批评时不直截了当说出批评意见，更不开门见山点出对方要害，而是借助委婉、含蓄、隐蔽、暗喻的策略方式，由此及彼，用弦外之音，巧妙表达本意，揭示批评内容，让员工思而领悟，使这种批评达到“藏颖词间，锋露于外”的效果。例如，通过列举和分析现实中他人的是非，暗喻其错误；通过列举分析历史人物是非，烘托其错误；也可通过分析正确的事物，比较其错误等。此外，还可采用故事暗示法，用生动的形象增强对他的感染力；笑话暗示法，既有幽默感，又使他不尴尬；轶闻暗示法，通过轶闻趣事，使他听批评时，即使受到点影射，也易于接受。

有些问题事实一时未搞清，或因涉及面大，或因被批评者尚能知理明悟，都宜采用此法，表明领导的态度，让下属从上司的模糊语言中发现自己的错误，并防止错误再生和发展。

有的员工十分敏感，对这类人的批评可采取不露锋芒法，先承认自己有错，再批评他的缺点，可对他说，“这件事你办得不对，以后要注意了，不过我年轻时也不行，经验少，出过问题，你比我那时强多了。”**态度上一谦虚，对方也容易消除抵触情绪，乐于接受批评。**当然，以上方法只是对一般对象而言，对错误严重、执迷不悟者，对大错不犯、小错不断、屡教不改者，则应另当别论。

人们常说“失败为成功之母”，意指我们不该将失败视为一种结果而就此终了，也不可将之作为最终的评价。就企业经营方面来说，如果在订立周详计划，并付诸施行之后，却因某种因素而失败，可能是在拟定计划时产生了问题，或是在实行时有不恰当的做法或不够努力之处，此时，若毫不客气地指责当事人，则无异于否定了对方的一切努力。所以，倒不如冷静地分析，鼓励其保留优点，克服缺点。因此，正确的观念应视失败为获得成功的一个阶段，即所谓“失败是成功的里程碑”。同时，为了吸取教训，应教导其毫无保留地舍弃不正确的部分，并给予一定的批评。

如果完全不加指责，也往往使员工养成为所欲为的习性。所以，适度的责备仍然相当重要。不过，身为企业经营领导者，应考虑的是如何使之不产生副作用。无疑地，人们在失败之后，由于受到指责，并被追究责任，难免形成害怕失败的心态。然而，如果一味地避开失败，却又极易养成下属安然无事的消极处世态度。如此一来，不仅导致下属成为不负责任的职员，同时造成他们不懂得去思考。不过，就人类的心理而言，失败者基于个人的自尊及好胜心，大多均有自我反省之心。因此，若再受到不断的责备，只会使对方心情更加低落。如此不仅毫无意义，而且可能导致企业竞争力下降。

资深的员工由于认为自己的资历深，即使明知自己有错，但是在自尊心的作祟之下，当别人提出劝告或批评时，反而恼羞成怒。这种人闹起情绪来，不只是不愿学习，甚至对教导者提出种种反驳。对领导者来说，不妨先考虑对方的立场，给他面子，如此可以收到效果。

至于那些并不资深，但工作时间有一定年限的员工则不妨也如此，这么做也许更好！即可使他们易于接受。

二、领导要深谙批评员工之术

1. 充满诚意的批评效果最好

批评的形式、方法多种多样，如三明治式的批评、隐晦暗示性的批评等。有些企业领导经常感到困惑，为什么采用了这些理论，批评效果仍然不佳呢？其实这些都是表面的、技巧性的东西，最重要、最根本的是批评要有诚意、爱心，批评效果才好。从这个意义上讲，批评效果好坏根本不在于什么形式、方法，而取决于领导是否有诚意、爱心。

（1）信赖

批评双方沟通的桥梁是信赖，员工对领导的信赖，领导对员工的信赖。只有建立了信赖关系，两者才能在毫无阻碍的情况下沟通。反之，如果信赖关系不能建立，领导再努力也无法沟通，员工将不会听命于主管，反而采取拒绝反抗的态度。即使领导施加了压力，员工也是口服心不服。信赖关系如何建立呢？信赖的基础就是主管的诚意、爱心。没有这两项，领导用任何巧妙的方法都无法取得信赖。

（2）诚意

诚意指批评的形式、手段、方法光明磊落，态度十分诚恳、友好。比如将心比心，不让对方下不来台，不把责任推给别人，不揭老账，诚实待人，体谅员工的难处。爱心指的是批评的目的完全是爱护员工，提高员工的素质。目的高尚纯洁，“一片冰心在玉壶”，不掺一点私心杂念。领导不要低估员工的水平，有无诚意、爱心，他们一眼就能看得清清楚楚，谁也糊弄不了。

（3）理解

几乎每个人都挨过父母的批评，甚至拳脚相加，可对父母耿耿于怀的并不多，因为都明白父母“恨铁不成钢”的苦心，批评员工也情同此理。只要领导有诚意、爱心，即使个别员工暂时不接受，以后也会逐步接受的；即使个别员工始终不理解，大多数员工也会理解的。**缺乏诚意、爱心，会很快被员工与生俱来的直觉识破，一旦识破，他们就拒绝批评。**

可能有的领导喊冤，我根本没私心，都是为了员工好才批评啊！其实在很多时候，领导潜意识里缺乏诚意、爱心。比如在部下一再顶撞之下，怒火中烧，大发脾气，这时批评就不能客观公正，为了赌气，难免说些伤人自尊的过头话。再如批评错了，领导为了保全面子，死不认错，将错就错。有的还流露出轻视员工的倾向，尤其是对文化水平不高、技能差的员工说“这么简单的事都干不好，真笨!”“电大生就是不如全日制的水平高”之类的话。这些都会伤害别人的自尊。

诚意和爱心是需要培养的，并不是天生就有的，每次批评前先反省一下，自己是否有诚意、爱心，没有的话，干脆保持缄默。

美国著名的女企业家玛丽·凯·阿什在对待员工工作中出现的问题时，采取的做法是“先表扬，后批评，再表扬”。就是说，无论批评什么事情，必须找点值得表扬的事留在批评前和批评后说，决不可只批评不表扬，这是玛丽·凯·阿什总经理严格遵循的一个原则。她说：“批评应对事不对人。**在批评前，先设法表扬一番，在批评后，再设法表扬一番，力争用一种友好的气氛结束谈话**。如果你能用这种方式处理问题，那你就不会把对方臭骂一顿，就不会把对方激怒。我看到过这样一些经理，他们对某件事情大为恼火时，必将当事人臭骂一顿，他们要让当事人确切地知道，他们对他的行为是怎样的气愤。主张这样做的人认为，经理应当把怒火发泄出来，让对方吃不了兜着走，决不可手软，发泄够了以后，或许以一句带有鼓励对方的话结束谈话。从理论上说，一切都将恢复正常。尽管一些研究管理办法的顾问鼓吹这种办法如何如何好，但是我不敢苟同。你要是把别人臭骂一顿，其人必定吓得浑身哆嗦，决不会听到你显然在骂够了之后才补充的那句带点鼓励的话。这是毁灭性的批评，而不是建设性批评。”

她还说：“女人可能比男人更难以接受批评，我们女人易于接受在人少时提出的批评。这是因为女人所受的教养不同于男人。例如，男青年在参加体育比赛时受到的批评比女青年多，教练会因为某个男孩子做或没做某事而对他大声训斥，也可能因为他导致全队失利而严厉责备。不过比赛一结束，教练会让那个男孩子体面地认输，争取下次获胜。然而，教练很少如此大声训斥或严厉责备女孩子，总的来说，女青年往往受到袒护，不用像男青年那样常常受到声色俱厉的训斥。因此，我主张在批评女人时，大部分情况下应和风细雨。”

这些话对准备批评下属的领导者来说，是相当有道理的。

2. 以教育为主的批评更具说服力

以教育为主的批评往往使得员工在改正缺点的同时对领导还心存感激。

为了达到引导的管理效果，有时在教育的过程中，不得不诉诸严厉的指责，或以命令的口吻让员工去做其能力所及的工作。因为，毕竟人们总不可能凡事均以笑脸去教导他人。

话虽如此，在严格的教育之中，若不对做法加以说明，或表明领导者的一番好意，则下属对于领导者极易产生误会，进而会抱着排斥的心态。在这种情况下，其学习的意愿自然是没有了。

当领导者向员工表示："我们企业的发展需要你们这样的人才"时，员工心中无不自然地产生"非努力不可"的干劲。这是鼓励所产生的作用。

就批评而言，最要不得的是自以为是地认为不需解释，员工应该知道自己的善意。尤其对于"懦弱型"的下属，如果不加以表白，极易使他们产生自卑，低估自己的能力，并由此心存不安而影响正常的工作。

所以，在批评时，先不妨勉励他："如果不是因为你是个有前途的人，一开始我就不会指责你!"或"不能接受指责的人，是不会成为企业栋梁的。"

3. 批评员工不要伤及对方自尊心

批评人的目的何在，这一点应说谁都会对答如流，然而在实践中，这一常识性问题往往为批评者抛诸脑后。最常见的表现是因批评某事而否定某人，诸如你这个人"无能""不行"，甚至说出"愚蠢""笨蛋"等污辱人格、伤人自尊的话，这就犯了批评之大忌。

人都有自尊心，如果在批评中否定人的自身价值，只能给人带来痛苦，产生积怨，甚至从此自暴自弃，破罐子破摔，同时也损害了上下级之间的和睦协调关系。在公司中，领导人在批评人时，习惯运用比较法，即通过人与人之间的比较，证明被批评者的无能和愚蠢，这是不明智的。**"人比人，气死人"，这种批评，实质是借机攻击人的自身价值，损伤了人**

的自尊心。正确而有效的批评，应表现出一种宽容和温情，无论是批评前还是批评中，都要设法让他知道，所批评的是他做错的那件事，绝不是他那个人，让他知道批评含义，是他这个人还不错，但是这件事做得不对，今后应注意改正。如此对事不对人，才能使员工既认识错误，又坚定改正之心。

人由于性格与修养不同，对同一批评会产生不同的心理反应，有的员工即使受到批评也满不在乎，属于迟钝型反应；但有的员工却感情脆弱，脸皮薄，爱面子，受到斥责则难以承受，表现为脸色苍白，神情恍惚，甚至从此一蹶不振，意志消沉，这种人属于敏感型反应；有的员工受到批评会引起很大震动，能坦率认错，从中吸取教训，这种人属于理智型反应；还有的员工自尊心很强，个性突出，“老虎屁股摸不得”，遇事好冲动，心胸狭窄，自我保护意识强，心理承受能力差，明知有错，也死要面子，受不了被当众批评，这种人属于强个性型反应。

鉴于以上人的不同类型，领导者在批评时，要区别对象和情况，灵活采用多种方式方法。批评最忌讳方法单一，死搬教条。对自觉性较高者，宜用启发自我批评法；对思想比较敏感者，采取暗喻批评法；对性格耿直者，采取直接批评法；对问题严重、影响较大者，采取公开批评法；对思想麻痹者，宜用警觉性批评法。**正确的批评要求细密周到，恰如其分，属于普遍性的问题可当面进行，而个别现象宜个别进行。**

如果粗暴批评下属，尽管他们对上级领导失去防卫能力，不可能对领导反击，但心中积满不服和哀怨，使他听到的只是恶劣言语，而不是批评的内容。必须防止只知批评不知表扬的倾向，胡萝卜加大棒的策略之所以有效，是因为批评后再表扬，或表扬之后再批评，能缓和批评中的紧张气氛。

另外，事先交心谈话，帮助提高认识，再启发他认识自己的错误，也能收到良好的效果。他自我对照，使他产生矛头不集中于我的感觉，从而主动在“大环境”中认错。

倘若下属在工作中出现失误，领导当众斥责他，会使他觉得颜面无光、威信自尊扫地，会使他觉得领导不太赏识他，不尊重他。因而，他的自尊心就会被深深地刺伤，也许会因之产生“我偏不干好”的逆反心理。

因此，一个成功的领导，当他的下属犯了错误时，他会选择适当的方式，如私下里面对面对下属提出批评。这样，下属会感激万分，因为他清楚，领导不仅给了他面子，而且还给了他机会，知恩必报，以心换心，下属会更加努力，做出好成绩来报答领导。

有的领导为了敲山震虎，警戒众人，总愿采取“杀鸡给猴看”的批评方式，其实效果并不一定好。杀鸡给猴看，猴子不看怎么办？总不能连猴子一块杀掉了事。**人的思想是复杂的，靠简单的威吓办法和批评扩大化的方法，并不能很好地解决问题。**因为人固有的自尊心，使他在众人面前挨了批评后，内心自然产生屈辱感，生出愤愤不平之心。而对在场的其他人来说，本来是想要大家从中受到震动和教育，结果事与愿违，在场的人，有的要从中评头论足，有的会对批评者寄予同情，有的认为与己无关而视这种批评为耳旁风。

正确的方式，是不能在众人面前使他威风扫地，而要在没有第三者在场时，一对一地单独进行，要视对方对问题的认识程度，以及内心思想而进行批评。如果认为对方因单刀直入批评会招致反感时，应和他离开工作场所，耐心倾听对方陈述，然后再提出自己的规劝之意。

当然，对那种多次批评教育而无效的人，大家都不信任的人，采取在大众面前的公开批评方式也是可行的，但毕竟这是一种不得已的最后手段。讲究批评艺术的经营者，往往对那些大家共同存在的问题需要进行批评时，从不明确地提出对象来，只是不点名地向全体提出，希望大家注意就可以了，这样的效果往往比怒颜厉色更有效。

4. 把批评融入轻松的谈话中

领导者把对员工的批评语融入轻松的谈话中，不失为一种行之有效的艺术处理方法。虽然员工犯下了不可原谅的错误，理应受到应有的处罚。但当事者对自己所受到的批评，思想难免会一时转不过弯儿来，这就需要领导者私下里主动与他谈一谈，交换一下意见。

所谓交换意见，并不是对受批评的员工唠唠叨叨，一个劲儿地对他进行教育和说服，而是让对方参与到谈话之中去，了解其真实想法，双方进行交流。否则，说不到点子上，就起不到实际作用，对方也会产生反感。

谈话中，企业领导者要让员工的思想情绪逐渐步入正轨，认识到自己受处罚的合理性，并非是领导有意为难他。**如果对方确有委屈或难言之隐，应该表示体谅，说一些劝慰的话。**

在肯定被批评对象的工作成绩时，批评者要坦诚善意地提出对方违反了什么纪律，这会给部门工作造成什么样的不良影响，做到循循善诱，务必防止简单粗暴。

在谈话结束时，还可以为受批评对象寻找一个合适的客观原因和理由，让对方明白这次受批评是因为一次失误，希望他下次能够避免这种失误，这样容易让对方下得了台阶。同时还要告诉对方，他的工作态度一直都是很好的，希望他以后在工作中，为了部门的发展而继续努力。

在行使了批评手段之后，通过和风细雨的一次谈话，有劝说，有疏导，有安慰，有勉励，才能让下属心服口服，才能让他的脑筋彻底转过弯儿来。

企业情况不同，员工所犯的过错不同，批评的方法也应有区别，并不是所有的批评都必须融入轻松的谈话才有效。有些时候，员工所犯的错误影响极坏，并且本人态度恶劣，这时非通过态度严厉的方式才能解决，则一定要发火。通过发火，可以起到制止不良倾向，纠正错误行为，鞭挞落后，警醒下属，威慑犯罪，提高领导者自身威信等积极作用。因此，正确的发火是必要的，这也是批评艺术的另一种表现。怎样才能做到正确发火呢？

①查明情况。就是说要弄清楚哪件事情、哪个下属错了，错在什么地方，为什么错了，造成什么后果。如果事情还没弄清楚，仅凭道听途说来的情况，凭一时的感情冲动便大发雷霆，要么是张冠李戴，要么是颠倒是非，其结果都会伤害下属的感情，影响上下级之间的团结。

②选择时机。如果下属也正在火头上，就不能“火上浇油”，以免形成僵局，使自己下不了台。一方面，发火的场地要恰当。如果问题较大，性质严重，影响很坏、很广，就要在一定的公众场合发火，以起到惩一儆百的作用；**但如果问题小，性质不太严重，影响不广，就只宜在小范围内发火，以免伤害下属的自尊心。**

③抓住关键。领导者动火发怒，切不可为一些鸡毛蒜皮的小事，火气

冲天。如果那样，就可能会捡了芝麻，丢了西瓜。

④看准对象。由于下属各人性格、脾气不同，对待领导者的发火采取的态度也不同，领导者发火的效果也会不同。因此，领导者就该视人而异。

⑤讲究方式。生气、发火是感情冲动的一种表现形式，出现某些失态的言行是有可能的。但领导者应注意自抑自制，避免不文明的、过火的言行。

任何一个企业内部都会出现或大或小的矛盾，都会发生一些错误的行为，对此领导者需要讲究批评的艺术，这样更能使被批评者心悦诚服，乐意接受。

5. 不要批评员工的“无能”

员工都会犯错误，因为犯了过失而随意指责其“无能”，只能意味着批评者的无能。如果企业领导者直截了当地批评员工说：“你真没有能力。”那么，员工就会认为自己怎样努力都是徒劳的。

发生错误时，每一个企业员工都有不同的特点和想法，领导者在批评犯错误的下属时，掌握尺度和区别对待是获得成效的关键所在。

领导平日不要说“反正”之类的话，而且也不要让员工说这种话。因为，说这种话的时候，人很容易产生一种否定情绪。

如果领导认为员工没有什么能力而不加重用的话，员工就会认为自己的领导太缺乏气量，而且会感到在这种企业领导者手下工作不会有前途，因此而失去上进心。

领导自己不要使用消极语言，同时也不要让员工使用。这样就可以避免产生悲观情绪。

如果领导从开始就认为某人“反正他也干不好，让他随便试试吧”“反正他也是失败，给他一次机会也无所谓”。那么这实际上并不是真正给员工机会。

有人甚至赤裸裸地说：“与那些没有能力的人一起干事不可能成功。我何必与他们一起失败呢?”

其实，那种自暴自弃的人并不真是一无是处，只要能给他们机会和适当的鼓励，完全有可能做出成绩来。但由于他们自己和别人总说“反正也做不好”之类的话，结果这些人便真的无所作为了。

要知道，这些说自己“反正也不行”的人并没有真正绝望，只是距离绝望很近了。如果公司内部有这样的人，领导一定不要说这种打击人积极性的话，这样就有可能使他们免于失败了。

6. 春风暖人的11条批评艺术

批评不仅要有治病救人的慈爱心肠，还要有春风暖人的艺术方法。领导在批评员工时要注重方式，因人而异，如能恰当地运用委婉、含蓄、暗喻的策略，将会增强领导者的领导魅力。下列11条批评的艺术方法就可供参考借鉴：

①直接向认为对不起自己的人提出异议，决不对其他任何人发牢骚。

②不要拿一个人的行为和别人的行为相互比较。谁也不愿被人说自己不如别人，你一比长较短，即使说的话合情合理，对方也会不高兴并再听下去。

③有机会和被批评的人单独相处，可以畅所欲言，就要尽快提出你的批评。**倾吐抑郁跟做别的事一样，拖得越久，越难启齿。等得越久，怒火越旺，更容易无的放矢。**

④一旦表明观点并经对方仔细考虑，千万别再重提。对方既然有耐心听你指出他的错误，你说完了就不应再提这件事。

⑤只可以指责对方改得了的行动。你可以要求一个人别嚷；如果要求他别生你的气，大概就寄望过奢了。

⑥尽量一次只提一件事。批评太多，会影响对方的情绪，重要的话反而没听清楚。

⑦不要在抱怨之前先来一个开场白。“啊，有件事，好久就想告诉你了，说出来可能得罪你，请你别见怪，可是……”还有比这种话更糟的吗？你的本意或许是怕对方痛苦，先给他打预防针，结果却使他急得如坐针毡。你的开场白，等于说你的批评势必穷凶极恶，并且表示你虽出于善意，他也许没有同样不存芥蒂的胸襟，不能接纳。

⑧你恳切提出批评之后，不要再为这件事道歉。道歉会削弱你批评的

价值。**道歉等于说，你批评了对方，反而要对方安慰你，因为你受不了。这样一来更增加了他无谓的心理负担。**

⑨避免讥讽。讥讽的动机，总不外乎鄙视、畏惧等。你鄙视别人，别人就不听你的话。你既然不肯明说，心里反而更怕他。无论措辞如何巧妙，冷嘲热讽总不是好风度。

⑩不要用“老是”“从来没有”这些字眼。批评的时候，为了耸人听闻而言过其实，往往使你的话失去正确性。

⑪别指望对方总肯接受你的批评。同时，人家耐心听你批评，你也要谢谢他，要养成这个习惯。

7. 指责性批评的 7 项技巧

领导在管理过程中，难免要对下属进行指责，但在运用这一手段时，要讲究一定的技巧：

（1）要指责得充分、正确、有理

在指责前，先把事情问清楚，确定是否真正属于应该指责的事情，再来进行指责。

（2）不要在众人前指责

一对一地指责是良策。当然，如果是不会引起对抗的简单的技术性错误，为了对其他下属进行教育，在群众面前指责也是可以的。

（3）冷静而文雅地进行处理

人在激动时，会禁不住放大声气，表现得过分冲动。遇到这种场合，**可将问题放置一段时间，使之冷却，恢复到冷静的状态，再进行冷静的处理。**

（4）不要令人失望

注意不要因为指责而把下属搞得夜里失眠，造成终日闷闷不乐、空度时日的状态，而招致对工作丧失意志的结果。指责是教育，为了有效地用人，应该照顾到怎样使他自觉地谋求自己的进步，自觉地配合自我启发。特别要注意勿导致他说出不经考虑的任性的话来。**此外，不要忘记指责到**

最后，必须再讲一番勉励的话。

（5）不要太啰嗦

利用刚刚发生和最近发生的错误，回溯过去这样、那样的过失和错误，全部摊出来，相提并论，长篇大套，絮絮不休，无止境地指责，这样将会毫无效果，应排除“多说几句为好”的想法。根据问题，按照反省的程度，说一句“最好今后多注意些”，反而能收到较好的效果。

（6）按照对方情况，改变指责方法

是男性？女性？是年轻人？老年人？是新进人员？老手？是经验丰富的？缺乏经验的？是脾气刚强的？懦弱的？是喜欢钻牛角尖的人？直爽的人等。人各有各的特点，必须看清了对方，再考虑指责的适当方法。

（7）不要忘记谦虚待人

对下属的错误，要抱着自己有责任的态度。应采取亲自和下属对过失进行共同分析、探讨和努力解决的态度。

8. 处罚性批评须得要领

处罚，也是批评的一种形式。

就人类的心理而言，每个人都无不追求自己的安定感，不愿让自己的前途每况愈下。所以，领导者正可利用人类的此种心理，对员工采取一些强硬的治疗手段，那就是，对他们进行批评处罚。

当然，一般人被处罚，心理上必会产生强烈的不满和屈辱感。然而，此种不满同时也能唤醒沉睡中的上进心，亦即形成所谓的“心理补偿作用”，此种作用大多能成为奋发向上的动力。换句话说，如果让下属从事低于自己能力的工作，他便会殷切地希望恢复自己原来能力所及的工作。如此一来，上进之心油然而生。而在恢复原本职位、工作的同时，可形成积极学习的态度。

如果将此种心理运用在体育运动方面，例如贬低选手，便可发现其效果。因为被贬使他尝到屈辱的滋味，此时，反而使他燃起不甘认输的斗志，最后终能发奋图强，成为一流的明星运动员。

领导者要贯彻自己的用人意图，发挥下属的整体力量，需要有统一的行动、统一的意志。而统一的行动、统一的意志，需要靠严明的法纪去实现，靠威严的治理手段去巩固，倘若指挥不灵，兵不服将，将不从帅，整个组织系统就成了一盘散沙，管理机器就很难保持正常运转，实现管理目标也就成了一句空话。因此，为了建立有序的组织，严明的纪律，历代杰出的领导者，都主张运用“杀鸡儆猴，敲山震虎”的谋略，及时抓住个别害群之马，从严处理，以教育多数下属遵纪守法，服从指挥。这种选择个别典型，惩一儆百，以确保整个领导活动得以顺利进行的用人谋略，在现实中有其独特的作用。

领导者运用惩罚手段应富有技巧性。不惩罚则已，要惩罚就得做到“稳”和“准”。

(1) 稳

采用强硬手段，惩罚一个人，也是要冒风险的。这主要在于，被惩罚者有时有良好的人际关系，有时掌握着关键技术信息，有时有着很硬的后台。

拿这样的人开刀，就要对其背景多加考虑，慎重行事。惩罚不当终会带来抵制和报复，因此在动手之前首先应想到后果，能够拿出应付一切情况发生的可行办法。

(2) 准

批评惩罚要直接干脆，直指其弱点，直刺痛处，争取一针见血。

有时某人总是犯同样的错误，或者代表一类人的错误，这时的批评惩罚一定要选准时机，待其犯错最典型、最明白、最有危害性时方痛下杀手，这时切忌无事生非，不明事实，也切忌小题大做。这样才会做到让受批评惩罚的人口服心服，有苦说不出；也才会真正让众人引以为戒。

第八章

业绩考核：对员工工作进行测评

业绩考核是企业管理的一项重要内容，是对员工进行制度性考核，客观性评价的重要依据。它的可贵之处不仅仅在于它对员工在德、才、绩、效等方面的总体评价上，更主要的是，它使一个行业、单位或企业建立了一种标准，这种标准既是一种规矩，更是一种激励和考验的有效手段。

业绩考核不仅关系到员工的利益和前途，也更关系到企业的生存和发展。为此，企业在进行业绩考核的具体运作过程中，应分别对各类员工订立和编制客观的、不同的考评标准，科学地掌握评价的准则和尺度，切实地遵循和坚持谨慎、认真、客观、公正的原则，这样才能有效地起到推进工作和激励员工的作用。

一、业绩与能力考核是对员工的客观评价

业绩考核是促进企业发展的重要法宝。毋庸置疑，任何一个经营有序、管理有章的企业都不会漠视业绩考核这一点，任何一个发展壮大、走向成功的企业，都必然会不断加强和完善业绩考核这一重要而又关键性的内容。

1. 业绩考核对企业发展至关重要

企业管理的一项重要内容就是定期进行有效的制度性考核。一个经营有序、管理有章的企业总是要经常对人进行考核。如果缺少对业绩、能力的制度性考核，我们就只能依赖一线监督者的意见做出人事安排，稍有疏忽，稍有不慎就会出现不公。这种不公会导致不满，损害士气和效率，这对使用和留住人才极为不利。所以，有作为的管理者都会采用人事考核制度，努力对员工的能力和业绩做出客观而公正的评价。

业绩考核是企业管理的一项重要内容，是对员工进行制度性考核、客观性评价的重要依据，它是强化企业基础管理的重要法宝。

业绩考核是对员工在一个既定时期内对组织的贡献做出评价的过程。我们之所以强调在管理中重视对员工的考核，不仅仅在于它对员工德、才、绩、效等方面的总体评价上，更主要的是它在一个行业、单位或企业中建立了一种标准，这种标准可以用数字或语言进行表述，并值得每一位员工效法和遵循，它既是一种规矩，更是一种激励和考验。**可以说，业绩考核不仅关系到员工本人的前途和命运，也更关系到企业的生存和发展。**

(1) 正规的考核让员工的需要得到满足

近年来，“以人为本”的理念逐步渗透到管理者的头脑中，成为鲜明的时代观念。“以人为本”的管理就是从满足企业员工的需要的角度进行全新的管理。

在现代社会中，员工的生活水平较以前有了大幅度的提高，他们的生理和安全需要可以说基本上得到了满足。那么，随之而来的就是尊重及自

我实现的需要。这种需要，在企业中就表现为员工都希望知道自己的绩效水平到底如何。**如果企业缺少正规的考核制度，员工就无法明确地获知自己的绩效**。于是，他们就会透过经理或主管的各种举动来猜测企业对自己的评价到底是什么样的——是好，还是坏。

“这几天经理对我的态度这么坏，是不是我的表现不好呀？……”

“张总今天送了份小礼物给我，看来我的工作干得不错！”有些人会采取辞职的方式来试探经理的反应。我们时常会听到这样的事情：企业的一位重要专业人员告诉经理说，他要另谋高就了。这位经理一脸惊奇地问：“为什么呢？你可是本公司最优秀的员工。”这似乎意味着——你从来不提醒我，现在是否太晚了呢！

更为严重的是，那些自己估计绩效水平不错的员工，如果企业不能及时地予以评价，他们就会认为自己没有被企业重视，自身价值难以得到体现，往往会“跳槽”去另外的企业，这对企业留住人才极为不利。当多数员工都采取这种行为时，企业的生存恐怕就难以想象了。

(2) 完善的考核保证员工行为与企业目标一致

企业的兴衰，关键在于员工的努力程度——这已经成为人们普遍的共识。但是，近年来的研究却发现，两者之间的关系并非如此简单——即员工工作越努力，公司绩效未必高，这其中的因果关系是相当复杂的。

可以看出，在努力程度和公司绩效之间，有一个关键的中间变量，就是努力方向与企业目标的一致性。员工的努力程度比较高，而且努力的方向与企业目标相一致，是有助于提高绩效的；如果努力方向与企业目标背道而驰，即使员工工作再努力，也不会提高绩效水平，相反还会造成绩效的降低。所以，在激发员工努力工作的同时，一定要使他们的努力方向与企业目标保持一致。当企业处于创始阶段时，做到这一点非常容易。在这一时期，企业的规模一般比较小，经理能够经常与员工进行接触，这样就可以直接纠正员工们的偏差行为。随着企业的发展壮大，其规模也在扩大，经理与员工的接触必然减少，直接纠正他们的偏差行为肯定是不现实的。

要保证员工的行为与企业目标相一致，就要借助于完善的考核体系。

通过设定与企业目标一致的考核内容，并将考核的结果反馈给员工，这样他们就可以知道自己的行为到底是正确还是错误，以便采取相应措施——继续或者是纠正以前的行为。

2. 绩效考核也是一种激励

绩效考核归根结底是对人的德、才、绩、效所进行的总体评价。这种评价关系到一个人的前途和声誉，所以在具体考核时应该坚持谨慎、认真、客观、公正的原则。只有坚持了这些原则，才能起到推进工作和激励员工的作用，否则便很难起到正面的效果，甚至使员工不服，破坏了下属工作的积极性。有鉴于此，这里特别列出了绩效考核工作的注意事项。

员工的绩效考核体系的设计和实施必须和考核信息的目的相互一致。不同的考核目的需要用不同的方法来收集所需要的信息。因此，明确绩效考核的目的非常重要。绩效评价系统的目的主要有以下三个方面：

①首先，绝大多数员工都愿意了解自己目前的工作成绩，也想知道自己如何才能工作得更好。绩效考核不仅是员工个人寻求满足感的需要，同时员工也希望通过提高自己的工作绩效和工作能力提高自己的报酬水平和获得晋升的机会。工作绩效评价可以为员工提供反馈信息，帮助员工认识自己的优势和不足，发现自己的潜在能力并在实际工作中充分发挥这种能力。改进工作绩效，有利于员工个人的事业发展。如果企业不能提供正式的关于员工工作成绩的信息反馈，员工就会寻找非正式的渠道了解自己的绩效水平，而且还可能会变得非常敏感，例如员工可能会因为主管人员对自己不热情而产生猜忌和挫折感，结果影响工作。

由于绩效考核不仅可以发现员工的长处和优点，也能够指出员工的不足和缺点，因此，员工绩效考核能够发现员工需要培训的方向，尤其是管理人员，可以指出他们在人际冲突管理、监督技能、计划和预算能力等方面上的欠缺，为培训方案的设计和实施确定基础。

②绩效评价可以为甄别高效和低效员工提供标准，为组织的奖惩系统提供依据，从而确定奖金和晋升机会在员工个人之间的分配。在企业的薪酬决定依据中，员工业绩水平是一种重要的因素。只有实行客观公正的绩效考核体系，不同工作岗位上的员工的工作成绩才能得到合理的比较，在

员工之间分配的奖金也才能起到真正的激励作用。在晋升、调转和下岗决定中，员工过去的工作表现是一个非常有说服力的根据，这也要求实施有效的业绩考核。

③建立一个员工业绩的档案材料，以便于将来帮助组织进行人事决策，包括提升优秀员工，剔除不合格的员工，为工资调整提供理由，为员工培训确定内容，为员工的调动确定方向，并确定再招聘员工时应该重点考察的知识、能力、技能和其他品质。总之，工作绩效评价有利于人们发现组织中存在的问题，工作评价的信息可以被用来确定员工和团队的工作情况与组织目标之间的关系，以及改进组织的效率和改进员工的工作。因此，工作绩效评价既是一个过程的结束，又是一个新阶段的开始。**需要指出的是，无论一个绩效评价系统多么完美，也只有被它所影响的人接受才能发挥作用。**

3. 重要的是对员工的工作做出及时评价

西方心理学家曾经做过一个非常著名的实验。

在实验中，被试者被邀请看几幅画像，画像上是一个挥舞剃刀的白人与一个头戴礼帽的黑人。看完画像过了一段时间之后，再让那些接受实验的人回忆他们所看到的画像内容。大部分人的答案都是一个手拿剃刀的黑人与一个头戴礼帽的白人。

这个实验至少说明了两点重要的心理规律：

时间会使人们忘记所观察过的事物的细节；

人的记忆会根据脑海中已存在的心理类别重新建立起他们认为是真实的细节。

在习惯上，人们一年一般只进行一次或最多两次的工作绩效评价。这样的次数显然是不够的。

试想，叫一位评价者去记住好几位员工在过去的 6 个月或几个月里的所作所为，的确是一件困难之事。特别是当评价者仅仅根据一些不相干、过分简单以及带有错觉的分类法去记忆所了解的信息时，往往会对评价产生较大的偏差。

最好的办法也许就是使你的绩效评价经常化。这样做，一方面能够及时地对员工作出评价鉴定，提供准确的反馈信息；另一方面员工清楚地了解目前工作状况的不足之处，有助于下一步的改进提高，不会与工作目标相差太远。

当然，还有一个办法值得借鉴，在一项较重要的工作项目有所成效之时，必须要做一次工作绩效评价。你也许可以将一个工作项目划分为若干步骤，在每一步骤的衔接处，正是你要为员工进行一次绩效评价的最佳时机。

需要提醒的是，考评员工的工作态度和潜力标准需建立在公正客观的基础之上。忽视这一点，会给企业的发展带来负面的影响。

二、考核员工业绩与能力的科学办法

员工业绩考评的意义重大，恰当的考评方法不仅为员工薪酬管理和对员工的奖惩提供可靠的依据，同时也促进了管理者和员工之间的高效沟通。作为企业管理者，掌握业绩考核的方法，可以正确地对员工的绩效做出优劣的记录与评定，它是企业管理中确定等级以及员工奖惩晋升的客观依据。

1. 考核员工工作成绩和能力的标准

员工在工作中取得成绩和进步，通过绩效考评得到管理者的肯定，能更好地激励员工发挥其潜力，并促使员工清醒地认识到自己的差距，起到鼓励和鞭策的作用。在企业管理中，进行评估考核制度设计，首先必须明确评估考核究竟考核什么，并把握其间的原则。

企业的评估考核，主要针对员工工作成绩、工作能力、工作态度、工作潜力以及工作适应性这五大要素进行考核评估。其中对成绩和能力考核的标准如下：

(1) 工作成绩考核

俗话说“言必行，行必果”，**对工作成绩的考核，就是对员工行为的**

结果进行评价认定，也就是考核员工在一定时间内对企业的贡献和价值。通常，工作成绩考核从以下四个方面入手：

- 工作量大小，即工作成绩的数量结果；
- 工作效果如何，即工作成绩的质量状况；
- 对下属的指导教育作用；
- 在本职工作中自我努力改进与提高等。

而成绩考评的程序大体如下：

①明确任务目标标准。在每一考评周期的开始，上级与部下就任务目标进行面谈商定，作为当期的成绩评价标准。

②制定任务完成计划。按照确认的任务目标，制定出具体的任务完成计划，从质、量、教育和改善四个方面落实计划目标。

③进行自我评价。员工根据预定的任务目标和任务完成计划，对工作任务的完成情况和结果进行自我评价，同时也对自己的自我开发计划的进展情况做出自我评价。

④观察结果的反馈。直接上级（考评者）把在工作过程中自己对部下（被考评者）的观察结果（其中有工作任务的完成情况、工作态度、表现等）通过面谈形式告知部下本人，与部下的自我评价结果相对照，对部下进行指导和教育。

⑤确定成绩考评评语。直接上级根据与部下面谈的结果，填写成绩评价表，通过间接上级和人事部门的调整平衡，最终形成成绩考评评语。

(2) 能力评价

员工的能力包括三个方面，即基础能力、业务能力和素质能力（如图8-1所示）。其中前两种能力属于能力评价范围，素质能力主要通过适应性考察来评价。

基础能力或技能高低，主要通过书面测验、企业内训练科目的成绩、技术职称或专业资格称号的取得等方面得到了解，评价较为容易。业务能力则较为抽象，评价时可能掺入较多主观性。为了尽量客观地评价业务能力，只能通过评价工作成绩间接进行。在工作分配合理，本人职务与能力水平相适应的情况下，工作成绩能够大体上反映本人的业务能力水平。**但**

是工作成绩只是能力中已发挥作用部分的反映，常常可能出现能力没有完全发挥的情况。比如，工作分配不当。所以根据工作成绩来评价能力时，考评者应充分注意到影响能力发挥的因素，在考评中排除其影响。

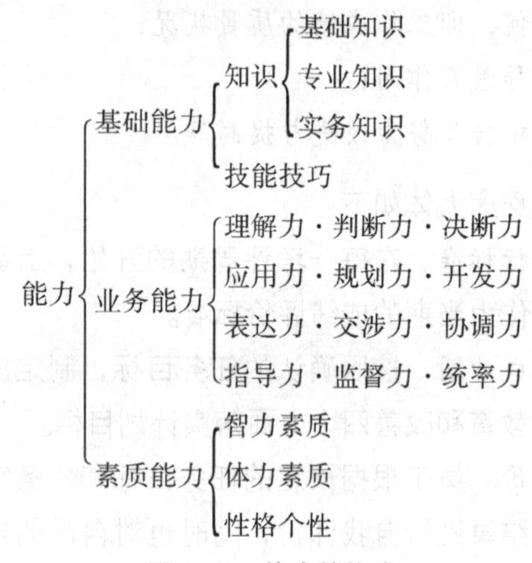

图 8－1　能力的构成

通过工作成绩评定业务能力的通常做法是：观察过去连续两次或三次工作成绩考评的评语，对于成绩相同或成绩上升的情况，能力评定以工作成绩中较好的评语为准，成绩评语有下降倾向的，则参考下述因素予以调整：

- 是否有本人之外的客观原因影响了工作成绩？
- 是否有因调动工作对新工作不熟悉等情况？
- 除工作成绩之外，企业内外研究、自我开发等方面表现如何？

在不少企业中，能力评定不采取上述综合评价的方法，而是采取分项目评价方法，例如理解力、开发力、表达力、指导力等。使用这种评价方法时，也应当根据最近两三次工作成绩评语的变化倾向对能力评价结果进行修正，比如说，工作成绩下降而能力评语上升显然是不合理的。

采用分项目评价法评定能力时所用的标准，是能力资格制度中规定的资格条件标准，对不同级别的员工有不同的要求。考评项目基本如图 8－2 所示。

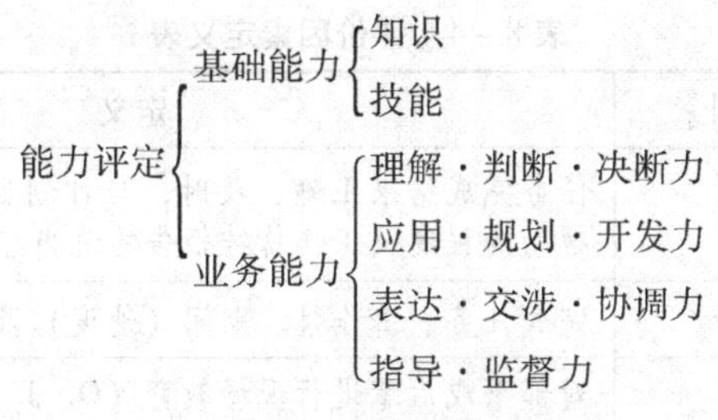

图8－2 能力评定项目

2. 考评员工的工作态度和潜力的标准

(1) 对员工工作态度的评价

一般来说，工作态度包括工作积极性、热情、责任感、自我开发等较抽象的因素。**评定这些因素，除了主观性评价之外，没有其他办法可想。**员工的工作态度只能由直接上级根据平时的观察予以评价。考评项目基本如图8－3所示。

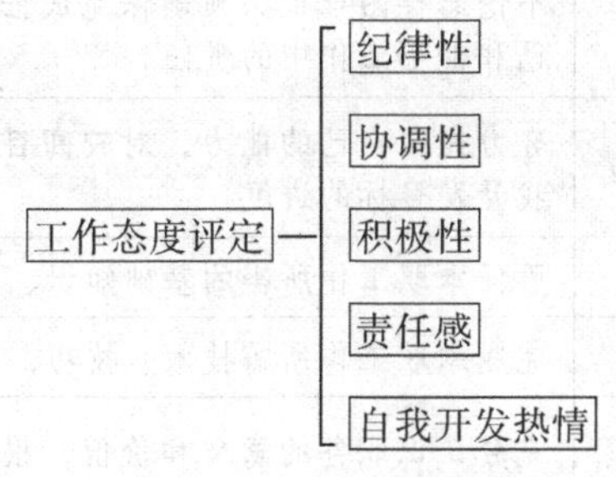

图8－3　工作态度评价

在确定了评价项目后，接下来就该是对各评价因素的定义了。表8－4是从企业的真实人力资料中摘录的。企业内规定并公布这些评价标准，既可以提高员工对人力考评客观性、公正性的认识，又可以作为员工日常工作主观努力的目标。

须强调的是：对不同级别的员工，各个考评在评语中所占的比重是不同的（如表8－3所示），级别越高则工作中的自由度越大，对能力的要求也越高；在较低的级别上，定型事务较多，与高级别相比更需要的是纪律性、积极性等工作态度因素。

表8－4　评价因素定义表

类别	评价因素	定义
成绩评价	质量	任务完成结果正确、及时，与计划目标一致。接受他人帮助的程度及工作总结报告的适当与否。
	数量	完成任务、工作量、期间（速度）及费用节约情况。
	教育、指导	对部下或后辈进行现场教育（O. J. T）指导效果。 对部下或后辈进行思想工作，提高他们自主管理意识的效果。
	创新、改善	对本职工作进行的改进效果，积极采用新思想、新方法的表现。
工作态度评价	纪律性	遵守企业规章制度及生产现场纪律，服从上级的指示、命令。遵从日常社会生活道德标准，注意礼貌。
	协调性	对有利于集体的事，不分分内分外，有集体观念和组织观念。
	积极性	主动参加改善提案、合理化建议等活动，主动承担本职外的任务。
	责任感	不论怎样困难也必须确保完成任务的精神。勇于承担自己和部下工作中的责任。
	自我开发热情	努力提高自己的能力，对较高目标有挑战态度。达到自我开发目标的进度。
能力评价	知识	胜任本职工作所需的基础知识、业务知识和理论水平。
	技能	完成本职工作所需技术、技巧，业务熟练程度、经验。
	理解、判断、决断	充分认识职务的意义和价值，根据有关情况和外部条件分析问题，判断原因，选用适当的方法、手段的能力。
	应用、规划、开发	在充分认识职务意义和价值，根据有关情况和外部条件分析的基础上，具有预见性，通过调查、研究、推理，思考总结归纳具体对策、方法的能力。
	表达、交涉、协调	为顺利完成任务，正确地说明解释自己的看法、意见，说服他人与自己协作配合，同时维持良好的同事关系的能力。
	指导、监督	按照部下、后辈的能力和适应性适当分配任务，并在工作中予以指导帮助，同时启发其集体观念和劳动热情的能力。

表 8－5 不同级别职工的评语中各考评因素的比重

考评种类	评价因素（级别）	初级普通职	中级普通职	高级普通职 初级指导职	中、高级指导职
提薪考评评语（100％）	成绩	20％	25％	25％	25％
	工作态度	50％	40％	35％	30％
	能力	30％	35％	40％	45％
奖金考评评语（100％）	成绩	40％	50％	60％	70％
	工作态度	60％	50％	40％	30％

（2）工作潜力测评

潜力测评针对的问题是：员工在现有职位上没有发挥出的能力如何评价，相应的回答就是他还能干些什么。**困难在于：在员工还没有干些什么的时候，我们如何知道他能干些什么**。这就要求我们找到一些解决问题的途径，当然可以通过一些咨询公司来对企业员工进行功能测评，但利用企业自身的力量照样有三种比较好的方法选择：

其一，根据以往工作表现出来的能力进行推断，即根据上述"能力考核"的结果进行推断，至少可以参照"能力考核的结果"。

其二，工作经验，通常以连续从事某一工作的具体年限为指标。因为就现有的科技水平条件下，没有一种工作能使一个人在进入实际工作之前就学会干好它。工作年限中所包含的综合性"经验"，其意义是我们难以预料的，比如一位具有很长职业生涯的行家能手的直觉，很可能会超越我们依靠各种分析手段方法所得来的判断和结论。这种现象各个行业都可能出现。当然，也不能过分夸大工作期限（职业生涯）的意义，因为新经济条件下，教育和培训手段的改变，使经验的获得有可能超越"时间"和"空间"的限制。

其三，是考试、测验、面谈、培训、研修的结业证明，官方的资格认定、许可证明以及学历证书等。这些都是判断一个人知识和技能水平的依据。**当然，文凭、证书之类的东西，如同前面提到的"工作年限"一样，也只能"仅供参考"**。因为就现实来说高学历低能力的现象越来越普遍，加之大事干不来，小事又不干的倾向在高学历阶层中日渐突出。

总之，单靠某种依据都是难以百分之百地去把握一位员工可能具有的尚未发挥出来的能力，但是我们又不能放弃对员工潜力的测评和把握。因为对员工潜力的忽视，不仅造成企业人力资源浪费，也是对员工不负责任的一种表现。结合前文提到的“员工自我能力开发”制度，比较好的一个补救措施就是：设立员工“能力开发卡”，将员工潜力测评赋予“能力开发”的内涵，纳入“评估考核”体系之中，具体步骤如下：

- 把员工个人的职业生涯，尤其是在本职工作的年限动态记录下来；
- 分别把每个人的学历、资格认定证明文件、培训研修的结业文件（各科成绩）、论文及成绩等动态记录下来；
- 提出个人能力开发目标，主要是根据自己工作的薄弱环节或工作的关键，提出某一时期的努力目标；
- 上司指导，主要就员工培养开发目标交换意见，并记录下来；
- 结果评价，包括自我评价、领导评价与反馈。根据这样的思路，设计“能力开发卡”，把上述内容包括进去，规定标准表格和流转程序等。

（3）工作适应性考评

潜力评价，所要解决的另一个问题是，如何在现任职位上更好地发挥能力。进一步说，如何在现从事的职业工种领域里更好地发挥能力。这里暗含一个前提：该员工适合现在的职务，适应现在的职业工种有关的领域。只要创造良好的本人和上司（外部）条件，他就能比过去更好地发挥能力。可是，企业中员工的能力得不到发挥，还有更深刻的原因，这就是，这个职务不适合他，也就是我们常谈到的工作适应性的问题。极端的例子有许多，比如，让有艺术天赋的人去搞科研或让有科研天赋的人去搞艺术，都是不行的。

尽管已经有许多方法，诸如人员素质、行为、心理、性格、天资和功能方面的测评方法，可让我们去把握“员工的适应性”问题。但是，企业实践表明，真正的难点是一个人在没有开始具体工作之前，连他本人都不清楚自己是否适应所任工作，在哪些方面不适应。而且，一旦干上了，企业日常工作是如此紧凑，如此刻不容缓，没有时间和余地去思考并作出调整。**习惯上的简单做法是让人“干一行，爱一行”，发扬一下“螺丝钉”**

的精神。

从适应性评价的内容上看，涉及两个层次的内容，一是人与工作，即人的能力与工作要求不对称，这在前面已经讲过。从人的发展来看，每个人都有自己的打算和价值倾向，希望随着年龄增长，在自己所从事的职业生涯中有所成就，减少职务工种选择与安排上的机会损失；二是人与人，由于本人性格与合作共事者性格方面的差异，影响到人际关系与合作关系，这往往是一个人一事无成的重要原因。把适应与不适应的问题，反映到“纸”上来，在若干个评价过程结束之后，从整体上把握所有员工适应性状态的倾向，一旦企业内部有调整的机会，就可以不失时机，比较可靠地作出调整。

在做法上的基本思路是，首先由个人申报。适应不适应，自己清楚，所谓人贵有自知之明。当然，自我申报的意义不在此；自我申报，反映了本人的一种意愿，满足这种意愿本身就有释放其工作热情的意义。**仅有申报是不够的，必须具明“理由”或事实上的理由。**其次需要观察、分析和判断，并适时记录下来；再次，要对员工的人物属性方面的内容，如性格、兴趣、爱好、志向等做出评价。这样，就可以建立起与“能力考核”“能力开发”不同的“适应性评价”系统，建立相应的“适应性卡”，并归入日常考核循环之中，把工作做在前头。

3. 对各类员工考评的标准编制

依据企业的现状，对不同类别的员工制定出不同的岗位责任标准是为了对各类员工做出合理的评价。因此在编制考评标准时就必须掌握一定的准则和尺度。

（1）评价标准的确立

所谓评价标准，就是在评估考核过程中，对各类人员进行功能评价的准则和尺度，比较常见的标准有：

- 目标管理标准；
- 国际通行的管理评价标准。

目标管理是上下级共同确立目标，决定方针，使之有效地达成，同时

对成果严格评核的一种管理程序。目标管理标准的特点在于由员工直接参加目标和评价标准的规定，并以目标的可行性为基准，是一种比较客观的基准，有关具体操作我们将在后文的“特别关注”中提到，所以这里从略。

相对于目标管理标准，国际通行的管理评价准则是将对所有员工的功能评价都按素质结构、智力结构、能力结构和绩效结构进行分层，并细化成不同的小项目，再按“优、良、中、次、劣”的标准进行评价打分，最后综合所有的项目分值，形成对一个人的总体判断，比如，对于前文提到的管理人员和科技人员，它们就分别适用于下面的评价标准模式，如表8－6所示。

表8－6　CG公司管理人员功能评价标准

项目＼标准		内容	优	良	中	差
素质结构	思想素质	理论联系实际，深入群众和现场，对人对己一分为二	能够理论联系实际，主动深入，严以律己	能运用，能深入，有自知之明，能正确对待	有差距，不主动，对人对己有偏见	轻视理论或实践，不愿深入，自以为是
	品德素质	团结协作，谦虚求实，如实反映情况	主动虚心好学，实干主动积极，实事求是	能够愿学，不够积极，实干一般	勉强随大流，不够务实	不能好学，骄傲自满，欺上瞒下，见风使舵
	责任性	守职尽责，敢挑重担、关心集体	非常尽职，主动抢挑，主动关心	相当尽职，愿意承担，能关心	不太尽职，勉强承担，不太关心	敷衍职责，推卸回避，漠不关心
	劳动态度	劳动纪律，服从调配	自觉维护愉快	能遵守	偶有违反，讨价还价	经常违反，需强制

续表

项目 \ 标准		内容	优	良	中	差
智力结构	学识水平	理论修养，专业知识，知识面	较深，能适当发挥，广博	较好，能适当运用，较广	有一些，尚能适应，一般	无，不适当，狭窄
	观察想象力	周密性，敏感性，预见性	全面深入，反应灵敏，正确	较全面，反应一般，较正确	有偏见，反应迟钝，有偏差	主观片面，麻木不仁，没有
	判断分析力	辨别能力，准确性，反应敏锐性	精明，符合实际，敏捷活跃	较精明，基本符合实际，较敏锐	较模糊，有时脱离实际，较迟钝	模糊，脱离实际，迟钝
	体质状况	坚持工作能力，慢性疾病	出全勤，有守职，无	少缺勤能守职，有症状	有缺勤，有	缺勤，多种
	专业能力	本职经验，运用经验，善于总结	丰富，善于，能	有经验，能，较能	较少，不熟练，一般不总结	无，不会，不
能力结构	处事能力	原则性，灵活性	强，审时度势自如	较强，较灵活	较差，墨守成规	差，死板
	组织能力	归纳性，条理性，用人	较强，清楚，用人之长唯贤	有，较清楚，较适应	较弱，较紊乱，时有不当	差，紊乱，不当
	创造能力	创造性	善于创新常有新的点子和改革设想，并成为本部门或本单位创新实干家	尚能创新，但新的思想和见解不很多	趋向安于现状，因循守旧	无创造性，无所事事
	口头表达能力		熟练、准确、生动	一般	较差	词不达意
	效果	工作效率 技术成果 经济效果 群众威信	高 多 好 强	较高 较多 较好 较强	较低 较少 较差 较差	低 无 差 差

(2) 考核标准编制的一般程序和原则

员工评价标准应在单位领导带领下进行，由具有一定现代科学知识和丰富实际经验的人力干部、管理人员以及有关部门负责人组成标准编制小组。然后通过调查研究，预试验证，起草征求意见稿，以及标准草案的审定等步骤实施，具体程序如下：

首先通过工作分析，理论推演和专家设计制定评价要素和要素体系。同时，在上级标准指导下，调查国内外同类人员评价的水平，初步形成评价标准试行草案。然后进行试点。

在调研和预试的基础上，编制小组应进行统计分析和综合研究，起草征求意见稿，分送各相关部门，广泛争取各方面的意见，然后对标准草案进行相应的修订，形成标准草案的征求意见稿，并根据本行业的具体情况使标准详细、准确、便于实施。同时编制《评价标准编制说明书》。

最后对标准草案进行审定。**评价标准的审定，可以先由人力部门初审，也可请相关的专家进行鉴定**。把鉴定的意见呈报上级主管部门批准生效。

另外，要注意标准编制的原则，这些原则包括：

- 先进合理的原则；
- 客观严谨的原则：
- 便于使用的原则；
- 协调统一的原则；
- 适用通用的原则。

(3) 评价标准的基本格式

评价标准的基本格式，如表8－7所示。

表8－7 评语式标准的典型结构

项目	内容
概述部分	封面；目录；标准名称；引言
主体部分	序号；标准等级；标准要求；标准单位
说明部分	附录；附加说明

①概述部分。

封面：评价标准应添加封面，以防磨损破裂。

目录：当标准项目较多、内容复杂时，应编写目录。目录由标准条文的编号、名称和所在页码等部分组成。

标准名称：标准名称由评价对象的名称和所规定的内容两部分组成。

引言：通常包括评价标准的适用范围。

②主体部分。

序号：编序号是为了标准系统化和日常管理。**通常由专业代号、分类代号、编制年份和总序列这四部分组成。**

标准等级：通常用字母“A”“B”“C”或汉字“优”“良”“中”“差”等表示。

标准要求：即每一等级的技术要求，这是评价标准的正文，包括评价对象行为的质和量，标准要求应当选择关键性的内容，同时是可见的、可测量的和可鉴定的。

标准单位：即每一级相对应的标准数量单位，也就是标度。

③说明部分。

附录：这是对标准的补充。

附加说明：一般是编制标准的说明事项，例如本标准的编制部门等。

要特别提醒的是，企业管理者在业绩考评活动中，将考评情况向员工及时反馈，并耐心地聆听员工的意见和看法，从而达到彼此了解对方的工作期望，融洽双方的工作关系的目的。

4. 业绩考核方法之一：分级法

分级法，就是根据每个被考核职员绩效的相对优劣程度，通过比较，确定每人的相对等级或名次，所以又可称为排序法，即排出全体被考核职员的绩效优劣顺序。**排列方向可由最优排至最劣，也可由最劣排至最优。**排序比较时可以遵循某个单一的特定绩效程度（如产品质量、服务态度等）进行，但更常见的是对每人的整体工作状况进行综合比较。

按照分级程序的不同，分级法又可分为以下几点：

（1）简单分级法

这就是在全体被考核职员中先挑选出绩效最出色的一个列于序首，再找出次优的列作第二名，如此类推，直到最差的一个列于序尾。

（2）交替分级法

与上述分级程序不同，交替分级法是先优后劣，交替对比，即首先找出最优者，然后跳回去找出对比最鲜明的最劣者；下一步则找出次优者。**接着则找出次劣者。依此程序，由易到难，绩效中等者较为接近，必须仔细辨别，直到全部排完为止。**

（3）范例对比法

范例对比法通常从五个维度（或方面）进行考核，即品德、智力、领导能力、对职务的贡献和体格。每一维度又分为优、良、中、次、劣五个等级。然后就每一维度的每一等级，先选出一名适当的职员作为范例。**实施考绩时，将每位被考核的职员和这些范例逐一对照，按他们与各相应范例的近似程度来给他们评出等级分。**最后各维度分数的总和，便作为此被考核职员的绩效等级。

（4）配对比较法

此法是将全体职员逐一配对比较，按照逐一配对比较中被评为较优的总次数来确定等级名次。这是一种系统比较程序、科学合理的方法，但此法通常只考核总体状况，不分解维度，也不测评具体行为，其结果也是仅有相对等级顺序。当被评者达10人以上时，配对比较次数太多，操作起来比较麻烦。

5. 业绩考核方法之二：考核清单法

（1）简单清单法

此法通常只考核职员总体状况，不再分维度考核。具体做法是：先将与某一特定职务占有者工作绩效优劣相关的多种典型工作表现与行为找出，供考核者逐条对照被考核者实际状况校核，将两者一致的各条勾出，即成为现成的评语。下面就是一份预先拟就的绩效考核清单中的一部分：

- 工作中显现出厌倦懈怠的神态与行为；
- 工作可靠，总能按时完成所布置的任务；
- 与同事合作协调，相处融洽；
- 掌握工作中某方面的技能有困难；
- 要求多少就干多少，但从不做额外奉献；
- 自我控制能力强，从不与人争吵；
- 有时控制不了自己，较易发火；
- 工作中只需极少量的上级的监督指导；
- 对上级的批评指导，能虚心接受。

这份清单可以很长，工作中的各主要方面的好、中、劣情况都列入。有了这一串现成的备选条目清单，考核者只要照单选出，就可以对职员的工作绩效进行考核了。

（2）加权总计评分清单法

事实上，各工作维度对绩效的作用并不相等，例如，“工作敏捷利索”与“人际关系融洽”对一线工人的绩效虽都有影响，但前者就比后者更重要。加权总计评分清单法就是将考核项目分解为若干维度来分别考核清点评分后，取总计分。此时需按各维度重要性，分别给予不同权数。**一般每一维度按四级至九级中的某一尺度给分，并乘以权数。**考核时将各维度条目次序打乱，使考核者不致根据对被评职员某一方面印象较深而影响对其他方面评分的公正性与客观性。但最后要分别按各维度求出分值，再加出总分，便可既知某特定方面情况，又知道总体状况。

6. 业绩考核方法之三：关键事件法

关键事件法，即每一位被考核职员都备有一本“考绩日记”或“绩效记录”，由考察者和知情者（通常为被考核者直属上级）随时记载。所记载的事件既有好事（如某日提前多久完成了组织分派给他的某项重要任务），也有不好的事（如某日因违反操作规程而造成一次重大的质量事故）。所记载的必须是较突出的，与职员工作绩效直接相关的事，而不是一般琐碎的、生活细节方面的事情，所记载的应是具体的事件与行为，而不是对某种品质的评判，如“此人是认真负责的”。最后还应指出，事件的记录本身不是评语，只是素材的积累；但有了这些具体事实作依据，经归纳、整理，便可得出可信的考核结论；从这些素材中可以得出有关被考核者的长处与不足，在对被考核者反馈时，不但因有具体事实作支持而易于被接受，而且可充实那些抽象的评语，并加深被考核者对它们的理解，有利于以后改进工作。

7. 业绩考核方法之四：量表法

（1）描绘性评定量表

在职员绩效的考核过程中，最古老也是最广泛使用的方法是量表评分法。这种方法是职员管理部门要在量表中就各项指标对职员评分。计分方式可以是一系列的空格或者是从0到9的等级，然后将这些等级对应于相应的分数。例如，将“出色”定为4分，将“不合要求”定为0分，最后统计总分。如表8－8所示。

表8－8 评定量表实例

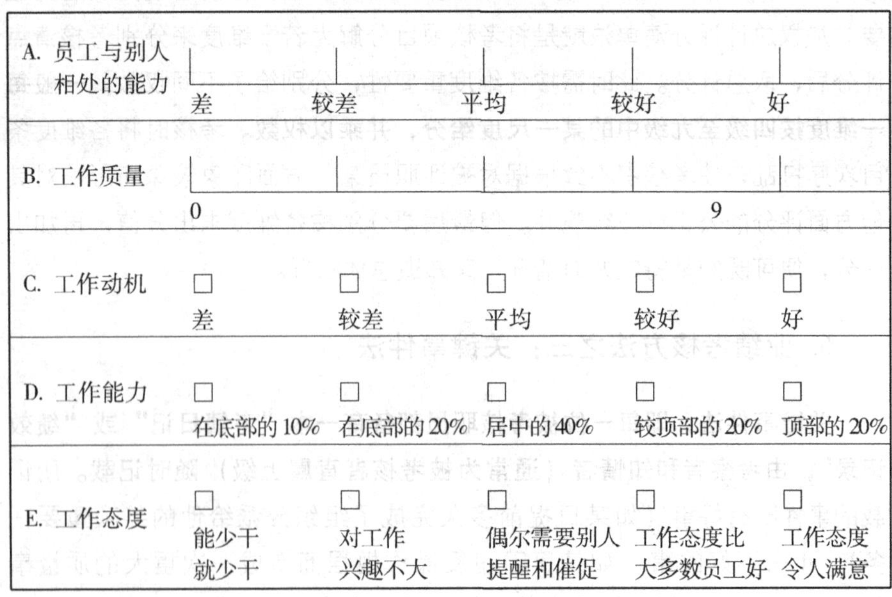

A. 员工与别人相处的能力	差	较差	平均	较好	好
B. 工作质量	0			9	
C. 工作动机	☐ 差	☐ 较差	☐ 平均	☐ 较好	☐ 好
D. 工作能力	☐ 在底部的10%	☐ 在底部的20%	☐ 居中的40%	☐ 较顶部的20%	☐ 顶部的20%
E. 工作态度	☐ 能少干就少干	☐ 对工作兴趣不大	☐ 偶尔需要别人提醒和催促	☐ 工作态度比大多数员工好	☐ 工作态度令人满意

表8－8中所列的是几种评定量表的例子。其中A、B为连续描绘性评定量表，要求评定者在线段任何地方做出评定标记，然后用尺子测量出标记位置的距离，就得到了评定的结果。C、D、E是多级分段评定量表，给评定者几类特点性结论，令其做出选择。量表上各点的定义可采用一个词，如C表；可用一个数字，如D表；也可以用一段简洁的描述性文字，如E表。

由表8－8可以看出，评定量表简单实用。但它很容易受职员管理部门主观因素的影响，如标准过宽、过严、趋中等，导致结果出现一定幅度的偏差。

（2）混合标准量表

首先要明确混合标准量表的具体内容。**混合标准量表是为了降低被考核职员的光环效应和考核人员自身的宽容偏见而设计的一种量表，它可以看成是行为量表与评级量表的综合。**具体又可以分为两种：

其一，混合标准计数法。这种方法与简单的特征评价不同。例如，就工作主动性这一特征进行考核，混合标准计数法将特征分为三句话加以描述：

- 他是一个真正的工作主动的人，总是主动工作而不需要其主管督促；
- 尽管总体上说他是工作主动的人，但是偶尔也需要主管的督促；
- 他在工作中总是持观望态度，等待主管的指示。

在以上每句话后面，考核人要做标记，“＋”表示优于标准；“0”表示符合标准；“－”表示劣于标准，这样就产生了3个等级。

其二，在量表中加入一些说明，以描述表现的不同水平。

混合标准量表的制作步骤是：第一步，从了解详细情况的人那里得到一些能区别绩效好坏的项目。第二步，对于每一个要评价的绩效方面，选择三个项目分别代表“好”“一般”“差”，这就是绩效的标准或等级。评定者必须对每一个标准做出回答，指出他是否认为被评人高于标准（＋），或符合标准（0），或低于标准（－）。

以上两种评定量表都属于传统的职员绩效考核量表，都带有一定难以

克服的主观性，因此在管理实践中，它们的适用范围非常有限。目前在考核职员时，大量运用的评定量表是美国人力资源管理专家拉萨姆和瓦克斯雷于1981年提出的行为观察量表，该表既具有评定量表的优点，又克服了各种主观判断所造成的偏误。

（3）行为观察量表

表8－9是一个行为观察量表的例子。

表8－9　行为观察量表

评定管理者的行为	
5表示	95%～100%都能观察到这一行为
4表示	85%～94%都能观察到这一行为
3表示	75%～84%都能观察到这一行为
2表示	65%～74%都能观察到这一行为
1表示	0%～64%都能观察到这一行为
NA表示	从来没有这一行为
克服对变革的阻力	
（1）向下级详细地介绍变革的内容	
（2）解释为什么变革是必需的	
（3）讨论变革为什么会影响员工	
（4）倾听员工的意见	
（5）要求员工积极配合参与变革的工作	
（6）如果需要，经常召开会议听取员工的反映	
6～10分：未达到标准；11～15分：勉强达到标准；16～20分：完全达到标准；20～25分：出色达到标准；26～30分：极优秀。	

行为观察量表的具体设计步骤如下：

第一步，运用关键事件分析法进行职务分析。对一组既了解职务的性质、目的，又能经常观察到这项职务（包括职务的领导，任职者、下级、客户等）的人员，通过会谈法了解他们所观察到的职务的操作情况。谈话可以单个进行，亦可以集体进行。职务分析专家要求观察者描述职务操作行为中的有效和无效事件，一般至少要求30人进行大约300个事件的描述。**职务分析专家需要运用会谈技术，引导职务观察者对事件进行正确描述。**例如，服务态度不好，最终被描述为与顾客争吵；把顾客的食物或饮料弄洒了，而没有向顾客道歉；让顾客等待过久等。

第二步，对关键事件依照行为归类。如两个或多个观察者都描述了餐厅服务人员要回答顾客对菜单的一些特殊问题，那么这些就应归入“回答顾客对菜单提问”的行为项目中。

第三步，把类似的行为项目归类成行为观察量表标准。如表8－9。通常，在这一步骤中，行为项目被归为3～8个行为观察量表标准。

第四步，评价内部判断一致性。内部判断一致性是公司职员管理部门考察不同职员对同一关键事件的评价是否归入同一行为标准中。把事件随机呈现给另一些职务观察者，比较他们按上述步骤所确定的3～8个行为观察量表标准是否把事件作了相同的归类。

第五步，评价内容效果。在把关键事件进行归类集中时，大约有10%的事件没有归入行为项目中。**这时，还应再考虑这些事件是否描述了没有列出的行为项目，或是否可以列入已列出的行为项目中。**

第六步，去掉次数过少和过多的项目。在上述步骤得到的行为观察量表行为项目中，有些虽然能够描述有效或无效的职务操作，但是无论对好的还是差的职员，这些行为都是经常出现或是很少出现的。例如，与顾客争吵等。应去掉那些不具有鉴别意义的项目。

第七步，确定行为观察量表的信度及各个行为观察量表标准的相对重要程度。

通过以上介绍，可以判断出行为观察量表的优缺点。

其一，与传统考核量表相比较，行为观察量表具有以下优点：

- 量表是通过职员亲自参加的职务分析建立的，因此，在使用中评定标准比较明确；
- 行为观察量表中对职务的描述可以用作对新职员或求职者的职务介绍，这种介绍可以帮助新职员或求职者对职务进行客观的了解，从而降低公司组织的人事变动率和不满意感；
- 行为观察量表有效地定义了职务的标准，为人事选择预测员提供了客观依据；
- 行为观察量表的各个行为标准和总分对每个职员来说，都可以用作绩效反馈的行为目标；

• 行为观察量表的建立过程是科学的和可信的。

其二，行为观察量表也有一些局限。这种方法依赖于评定者对有效及无效行为的感知及回忆，因此，职员管理部门的偏见就会对评价结果产生一定的影响。另外，量表过长，当被评定者较多时使用起来非常不方便。

(4) 行为定点量表

行为定点量表的具体内容与设计程序如下：

第一步，确定职务维度。与行为观察量表方法相同，行为定点量表也采用会谈法。要求一组熟悉某一职务的职员，确定该项职务绩效对职员要求的独立的各个维度。例如，某一个职务需要职员在工作知识、动机、人际关系、管理等几个方面达到某些特定要求。

第二步，列举行为。**为每一维度列举出行为表现的各个方面的例子，以定义高绩效、一般绩效、低绩效的关键事件，将它们作为绩效的考核标准**。例如，对人际关系维度而言，“好”即指这个职员总是乐于帮助别人，其他职员不仅愿意与他谈工作中的问题，也愿意和他谈个人的问题；“中等”即指这个职员能够友好地帮助别人，但有时自以为是的态度使别人对他敬而远之；“差”则指这个职员自己有错误却向领导或同事发火，使大家很反感。

第三步，重新分布行为。由另一组人将关键事件分类或划归到最能说明绩效的方面，即让另一组领导和职员每个人独立地把前面已得到的职务维度的每个行为项目，重新分配归属到各个维度中去。例如，“这个职员能够独立找到解决难题的有效方法”，可能被归入管理能力维度中去。这一过程叫转译。如果某些关键事件应该属于哪个工作维度不能取得一致判断（通常为60%～90%），那么这些事件就要被删除掉。如果某个工作维度找不到可以说明的关键事件，这个工作维度也将被删除。通过这个过程，所有意义不确定的项目就都被除去了，而职员的某一职务潜能表现的独立维度就确定了。

第四步，为每一项目赋值。对经过转译过程保留下来的工作维度的每一项目进行判断。让每个人对每个项目（通常20个以上的项目）进行5

或7或9点法评定。1点表示非常差，最高点表示非常好，中数点表示中等。保留下来的项目是那些评定分值变化很小的项目，即项目评定具有较高的一致性。然后计算每个项目的平均值（取所有人评定结果的平均值）和每一事件的标准差，给每个事件定出量表值。

第五步，整理形成量表。把职员个人的有关项目按维度和赋值量的顺序整理排列，形成实用的量表，如表8－10。

表8－10 BARS实例——员工在工作中的动机

7	该员工以极高的热情对待组织的工作，自觉地投入组织工作
6	当组织发生危机时，可以依靠该员工
5	该员工在领导不在的情况下，可以自觉地工作
4	该员工能达到工作的基本要求
3	当工作负担过重时，员工就会借口生病而缺勤
2	工作中出现问题时，员工并不关心组织，因而并不向上汇报
1	员工有意地放慢工作，怠工

怎样进行行为定点量表的信度检验呢？通常检验行为定点量表的信度（即准确程度），可以由职员管理部门按照每一个绩效方面对下属进行评定的样本来检验。**每个下属至少要由两个评定人独立地进行评定，然后计算评分者信度和量表内部的同质性信度**。此后，定期检查行为定点量表的信度。

行为定点量表具有一定的优缺点：

首先，行为定点量表具有许多优点。与行为观察量表一样，行为定点量表消除了传统描述中的含义模糊性。如“好”“坏”这种传统描述，对于不同评定者，可能就有不同的含义；行为定点量表有助于提高职员的工作绩效，改进工作方法。**行为定点量表具有广泛的实用性，一个公司内部很多类似性质的职务都可用该量表进行绩效评价。**

其次，行为定点量表也有一定的局限性。许多（对于一个7点量表来说，大约有49%）与职务有关的关键事件在制定量表时被删除了。因此，工作中的某些特点无法得到体现。对职员管理部门来说，有时很难确定被评定者行为与量表中描述的类似程度。此外，行为定点量表是一种费时、费力的方法，要求很多人参加，而且对不同的工作必须采取不同的行为定点量表。对中小型公司来说不实用。

(5) 加权选择量表

加权选择量表用于对职员个人的考核。最简单的形式是用一组形容性或描述性的文字来描述职员的工作绩效行为。如果打分人认为职员符合该列的项目，就做上记号；如果认为职员不符合，就留空不记。

建立一个加权选择量表通常分为三步：

第一步，通过职务分析，收集大量描述职务的有效和无效绩效的行为。

第二步，对每一个行为项目进行 11～15 级的评定赋值，保留那些判断具有一致性的行为项目。

第三步，把大量个体评定结果加权平均后就是该项目的值。表 8－11 是加权选择量表的例子。每一个行为项目的值是不列入量表的。但是职员管理部门要注意，被评定者最后的总结果是所选择的各项值加起来的和。

表 8－11 加权选择量表实例

如果该员工行为有下列描述情况的则打“✓”，否则打“×”。	
1. 布置工作任务时，与下级进行详细的讨论	______
2. 不能用人所长	______
3. 尽可能地征求下级意见	______
4. 对工作承担责任，但也让下级独立地去工作	______
5. 经常深入员工观察他们，并适时地予以表扬	______
6. 对下级进行空头许诺	______
7. 对下级的牢骚能耐心倾听	______
8. 在作出重大决策之前，不愿意听取其他人的意见	______
9. 为自己的面子，不顾下级的窘迫	______
10. 当自己有错误时，不向下级道歉	______

加权选择量表的优点是比较简便，职员管理部门只考虑职员是否出现过某一行为。缺点是对不同的工作应设计不同的量表，工作量较大。加权选择量表的具体实例见表 8－12 所示。

表 8-12　对面包店经理进行考核时使用的加权清单

项　　　目	等级值
他偶尔买一些竞争对手的产品	6.8
在开列烘烤订单的时候，他从来不与销售领班商量	1.4
他加入了一个地方的机械师协会	4.9
他常常无故指责他的员工	0.8
商店橱窗的陈列总是显得比较合理	3.1
他喜欢与顾客建立私人关系	7.4
他不知道如何计算生产成本	0.6
他在经营中目光短浅	3.5
他的产品总是高质量的	8.5
他对员工的期望值过高	2.2
他的周和月的工作报告有时是不准确的	4.2
他对产品订货问题经常考虑不够	1.6
他偶尔对他店里的销售人员进行销售考试	6.8
在他的店里，烘烤工作要持续到深夜两点或者更晚	8.2
他总是抱怨他的员工，但是并不采取补救措施	0.9
他已经组织实施了一次以上的有效的面包配方	6.4
他的店里有时某种产品会出现异乎寻常的积压	3.3
员工喜欢与他一起工作	7.6
他不能让其他人充分行使职责	2.8
他对大部分产品都有准确的成本核算	7.8
他但愿仅仅是一个面包师	0.8
他店堂的清洁程度属于中等	4.4
对于店中设备的一些小毛病，他并不积极修理	1.9
为保证产品的质量，他定期要对所有的产品进行抽样检验	8.1

（6）强迫选择量表

强迫选择量表是一种比较复杂的评定方法。量表由 10～20 个组构成，每组又由四个行为描述项目组成。在每组四个行为描述中，要求职员管理部门（或评定者）分别选择一个最能描述和一个最不能描述被评定者行为表现的项目。每一组中的描述都是经过心理学家精心设计的，保证每组中的两个描述涉及优点，另两个描述涉及缺点。在每两个相同性质的描述中，有一个能够区分绩效的好坏，另一个则不能。

强迫选择量表的最大优点是：职员管理部门减少对被评定者对评定结果态度的影响，确保考核的公正性。

强迫选择量表的缺点主要有：设计量表需要花费大量的财力和时间，且其结果不能反馈给职员，因此不能帮助他们提高绩效。

职员绩效考核中有评分过高的现象，给晋升和晋级等工作造成了困难。在此情况下，强迫选择方法得以发展起来。**在强迫选择中，职员管理部门必须在一系列对职员的描述中进行选择。**表 8－13 和表 8－14 是这种描述的两个例子。当四项描述组合在一起时，职员管理部门需要经过分析才能确定哪种描述适用于有工作效率的职员。

表 8－13　强迫选择实例

在下列每组四个项目中，你认为最能描述该管理者的行为，在 M 栏中打“✓”，对最不能描述的行为，在 L 栏中打“✓”。	M	L
当员工工作好时表扬员工	□	□
对下级的建议不予重视	□	□
在压力面前能保持沉着镇静	□	□
对下级进行空头许诺	□	□
对影响员工的事情，不让员工知道	□	□
每星期有几天提前上班	□	□
当自己犯错误时，也不向员工道歉	□	□
能够用人所长	□	□

表 8－14　某公司使用的强迫选择项目表

1		选择
A	不能预见困难	A
B	可以很快地领悟解释的内容	B
C	浪费时间的情况很少	C
D	容易交谈	D
2		选择
A	在团体行动中是领导者	A
B	在不重要的事情上浪费时间	B
C	任何时候都保持冷静和沉默	C
D	努力工作者	D

这种方式的典型做法是由职员管理专家为考核量表准备项目，由职员管理部门评价其项目的可行性，即决定哪些项目所描述的行为是有效的，哪些是无效的；然后由职员管理部门组织实施（即考核职员）。**职员管理部门将每个分类中项目的数字相加，汇总为一个有效的指数。**

强迫选择量表适用于部门主管、同事、下属或者混合型考核。

8. 避开员工业绩考核的误区

“金无足赤，人无完人”。考核者在考核过程中难免会犯种种错误，尽管许多人是在不经意之间踏入了这些误区，但还是严重影响了考核的效果。而要超越这些误区，就必须对它们有一个清楚的了解。

（1）晕轮效应误差

考核者在对被评估人的工作实绩评估时，对被评估人某些与工作实绩考核（即评估）无关的特性看得过重，造成以偏概全，产生评估误差。例如：对某些知识分子或科技人员进行工作实绩评估时，对其个人的“清高”看得过重，因而影响了对他的工作实绩的全面正确的评估；有的评估人对被评估女性的衣着打扮时髦看不惯而影响了对她的工作实绩的评价。此类情况都会造成工作实绩评估中的晕轮效应误差。**其实，个别知识分子的“清高”与其工作实绩评估没有多大关系，不能成为影响对他的工作实绩评估的主要因素。**对讲究衣着打扮的女性也是一样。爱美是女性的共性，只要她不是利用工作时间来化妆打扮，就不应成为影响对她业绩进行考核的因素。

（2）不适当的评分

当要求某些人去评价别人时，常碰到的问题是他们的评定或是太宽，或是太严，或是趋中。

①趋中误差。很多调查表明，考核人员经常在一个窄小的区域内给职员评分。不管职员们的表现存在多大差异，考核人员总是将他们归入一般或者高于一般。在使用考核量表法的时候，容易出现这类问题。导致这类问题的原因有：对考核人员培训不充分；考核人员对于考核本身不关心；考核人员不愿意做出严格的评定，怕对职员个人的报酬、晋升和职业机会

造成不良的影响；考核人员本身的能力较差，不能正确区分职员之间表现水平的差异；评定者对不大熟悉的情况进行评价等。

②过宽误差。一些评定人出于各种原因，总是以评定量表的最高分来进行评价，这就是所谓过宽评价，导致了过宽误差。

③过严误差。一些评定人总是以评定量表的最低分数来进行评价，这就是所谓过严评价，导致了过严误差。

克服业绩评估这类误差的办法，除了培训评定者，激励他们进行正确评定外，还可用两种方法进行控制：

- 控制评定结果的分布状况，使被评人的评价结果接近正态分布；
- 降低评定量表本身的模棱两可程度，制定多维度的、清晰的评价标准。

这两种方法的理论基础不太一样。**强制性的分布对评定人有较强的控制，但在某些情境下一个宽容的分布也可能是准确的。**

(3) 近因误差

一般说来，人们对近期发生的事情的印象比较深刻，而对远期发生的事情印象比较淡薄。在业绩考核时往往会出现这样的情况：评估人在对被评估者某一时期的工作实绩进行评估时，只看其近期的表现和成绩，以近期的记忆或印象来代替被评估人在整个被评估期的工作表现情况，因而造成评估误差，这即为近因误差。有的被评估者往往会利用近因误差效应。如在一年中的前半年工作马马虎虎，等到最后几个月才开始表现较好，以图造成评估人对他业绩考核中的近因误差效应。

(4) 感情效应误差

人与人之间都是有感情的。从性质上来说，有感情好与感情坏之分，而且感情好坏还有程度之分。诚然，考核者与被考核者之间也存在着一种感情关系。**考核者可能随着他对被考核者的感情好坏程度而自觉或不自觉地对被考核者的业绩考核得偏高或偏低。**为了避免感情效应造成对被考核者工作业绩考核的误差，考核者一定要克服在业绩考核时的个人情感因素，努力站在客观的立场上，力求公正。

(5) **暗示效应误差**

暗示是人们一种特殊的心理现象，是人们通过语言、行为或某种事物提示别人，使其接受或照办而引起的迅速的心理反应。考核者在领导者或权威人士的暗示下，很容易接受他们的看法，而改变自己原来的看法，这样就可能造成的暗示效应的评估误差。例如，在企业或学校、科研单位评定职称的学术委员会在评估提升候选人时，有可能会请领导讲讲话。而领导者则可能会说："在座的评委们都是专家学者，我也没有什么说的，据我了解，某某人的业务水平很不错，能力很强，我不多说了，请专家们评议吧。"这位领导人讲的几句话，可能就是有意的暗示，也可能是无意的暗示。虽然言者可能无意，但评估人员会体会领导的意图，而对这位领导人所提的某某的业绩考核就会高一些。通俗地说，这位领导人所讲的几句话，不管他有意或无意，但都通过暗示起着划框框、定调调的作用。在考核中，暗示效应引起的误差是难免的。为了防止这种误差，有个办法很有用，那就是评委在评定时，主持会议人一开始就说明先请评委们发言、投票，最后再请领导或权威人士作总结或讲话，这样，领导或权威最后的讲话就难以起到暗示的作用了。

(6) **偏见误差**

由于考核者对被考核者的某种偏见而影响对其业绩的考核而造成的误差就被称为是偏见误差。在大学或科研单位，往往搞基础理论和搞应用研究或教学的人员之间存在着一些偏见，搞基础理论研究的人认为搞应用技术的没有学术价值；同样，搞应用研究的人也会认为搞基础理论的没有实用价值。因此，如果考核者是搞基础理论研究的，而被考核者是搞应用技术的话，考核者对被考核者业绩的考核会偏低；反之亦然。为了防止这种评估偏见造成的误差，考核者应不能因学术看法不同而影响对业绩的考核，即应严格按照已规定的各种性质的评估标准进行评估。

(7) **陈腐的旧传统观念对工作实绩评估的影响**

在社会上，还存在着一些陈旧的传统观念。如，论资排辈、讲私人关系、平均主义、嫉能妒才等，都影响着工作实绩的评估，造成评估误差。

关系学、论资排辈等陈腐观念在我国的工作实绩评估中仍有很大的影响，甚至造成极大的危害。这种危害值得领导部门和人力资源管理者高度注意，并应采取有效的措施解决。

为了防止或减少在工作业绩考核中的误差，提高业绩考核的信度和效度，必须严格地挑选和培训考核者。首先，要挑选政策性强、坚持原则、办事公道的人来担任评估工作；其次，要对考核者进行有关评估政策、原则和纪律的教育；第三，要对考核者进行有关评估标准、评估程序和评估方法的训练。西方国家的大企业组织，都要对工作实绩考核者进行专门的培训。要在培训中组织考核者对有关评估的标准和方法进行反复的讨论，进行模拟试评，在试评中造成的误差要反复地讨论，以取得一致或较接近的看法。

第九章
薪酬管理：给员工以公平的酬报

薪酬，历来是一个复杂而又敏感的话题，它是推动企业战略目标实现的一个强有力的工具。在员工心中，薪酬决不简单的是工资单上钱的数额，它代表了身份、地位，以及在公司中的业绩，甚至个人的能力、品行、发展前景。

薪酬的发放往往也传递给员工一种信息：管理层认为什么是重要的以及何种行为受到鼓励。因此，一项好的薪酬计划既可以使员工高效率地工作，又可以使劳动力成本保持在一个可以接受的水平。在企业管理中，薪酬管理是一项关系全局的工作。

一、合理的薪酬管理能给企业带来效益

薪酬是员工从事劳动的物质报酬，也是管理者对员工激励的主要体现。员工薪酬不仅与员工的工作能力、工作绩效密切相关，也与劳动力市场关系和市场价格密切相关。对于企业经营者来说，做好薪酬管理不仅关系到员工的切身利益，而且还直接关系到企业的发展。

1. 薪资管理能给企业带来高效益

评价一个企业经营良好的标准之一是员工的收入稳定，薪酬较高。当员工充分发挥了潜能，通过团队的努力让企业获得了丰厚的收益之后，给企业的员工支付较高的工资就是一个理所当然的事情了。其实，也可以换一个说法，让员工们生活得更幸福是经营者的一个基本职责。因此，下面的几种说法是可信的：

- 支付工资较高，只要工作不是特别累，员工是不会辞职的；
- 良好企业的工资相对较高；
- 高工资对员工来说吸引力较大。

当然并不否认有的企业工资较低但员工也还稳定，但这样的企业中的员工恐怕都是别处不会雇用的人。现在已经很少见到那种认为“员工只是赚钱的工具”的经营者了，这种企业是很难集中人才的。

“先增加利润还是先提高工资”，这个问题很像“先有蛋还是先有鸡”，但对现代企业来讲，可以肯定地说要“先提高工资”。即使暂时困难，也要勇于克服，道路终会畅通。**提高工资后，就会使经营者抱着“背水一战”的决心，不达目的决不罢休。**

也许从高效率到高薪资是合理的，但从高薪资到高效率却更能激发员工的热情和干劲。**精神和物质两方面的充实，才能唤起员工的工作意愿。**

一般来说，经营的原则应该是高效率→高薪资，企业只有效率提高、产量增加、利润增长，才可能支付较高的薪资。环视世界各地的企业，无

论纵观还是横览，很少有违反这一自然原则的。

第二次世界大战后的初期，发动战争而又战败的日本，国计民生自然没有什么好气象。处此境地，公司裁员、减薪的现象比比皆是。这无疑是对员工的打击，说到底也是对公司的打击。许多企业领导者深明此理，却又无可奈何。就在这时，松下在公司提出了加薪的主张，实行高薪资、高效率的政策。

这种有悖常理的政策施行起来，有着不可估量的困难。困难倒不在于认识方面，而是在资金方面。当时，企业和员工一样，都是相当困难的。员工有生活之虑，企业也有无米为炊之难。同时，当时的地方政策有“薪资统制令”，严格限制公司给员工加薪。就是在这种内外交困的情形下，松下还是义无反顾地推行了他的方针。他说服了地方政府，号召员工在高薪资的条件下积极、努力工作，创造出高效率来。

松下的薪资方针是冒着很大危险的。众所周知，高薪资并不等于高效率，假如高薪资却激发不出高效率来，企业必将岌岌可危，出现严峻的生存问题。松下出于对人类品性的良好认识，果断地推行了这一方针，并获得了巨大的成功。

松下的薪资方针，在当时确实是非常有效的。战后民众生活普遍困难，温饱有虞，当然要波及生产。那么要促进生产，必须使员工没有后顾之忧。这是当时的特别情形。而马斯洛的人类需求理论，更给这种做法提供了理论基础，虽然松下未必知晓这种理论。

其实，满足员工的基本需求，也不仅仅是薪资的问题，此外的劳动条件等也都是如此。**想要员工能够充分地发挥他们的才能，经营者就要特别留意他们的劳动条件。**

身为企业管理者，应高效而灵活地发挥薪酬管理的调节作用，合理地设计员工的薪酬结构，充分发挥薪酬的职能作用，从而激励员工，调动职员的劳动积极性。

2. 企业薪酬制度设计的原则

企业薪酬制度的确立与实施对调动企业员工的积极性、创造性有着极大的促进作用，其中最关键的是要掌握因人而异的制度设计原则。以下几项设计原则可供管理者参考：

（1）公平原则

企业员工对薪酬分配的公平感，也就是对薪酬发放是否公正的判断与认识，是企业管理者在设计薪酬制度和进行薪酬管理时，需要首先考虑的因素。薪酬的公平性可以分为三个层次：

①外部公平性。指同一行业或同一地区或同等规模的不同企业中类似职务的薪酬应当基本相同，因为对他们的知识、技能与经验的要求相似，他们的各自贡献也相似。

②内部公平性。指同一企业中不同职务所获薪酬应与各自的贡献成正比例。只要比值一致，便是公平的。

③个人公平性。**涉及同一企业中占据相同岗位的人所获薪酬之间的比较**。为了保证企业薪酬制度的公平性，管理者要注意下列几点：第一，企业的薪酬制度要有明确一致的原则作指导，并有统一的、可以说明的规范作依据。第二，薪酬制度要有民主性与透明性。当一般职工能够了解和监督薪酬政策与制度的制定和管理，并能对政策有一定的参与和发言权时，猜疑与误解便易于消除，不平感也会显著降低；第三，领导要为职员创造机会均等、公平竞争的条件，并引导职员把注意力从结果均等转到机会均等上来。**如果机会不均等，单纯的收入与贡献比相等，并不能代表公平；实际上机会大者占了便宜而机会小者吃了亏。**

（2）竞争性原则

这是指在社会上和人才市场中，企业的薪酬标准要有吸引力，这样才能战胜其他企业，招到所需人才。究竟应将本企业摆在市场价格范围的哪一段，当然要视本企业财力、所需人才的获得性的高低等具体条件而定。要有竞争力，薪酬水平至少不应低于市场平均水准。

（3）激励性原则

即要在内部各类、各级职务的工资水准上，适当拉开差距，真正体现按贡献分配的原则。

(4) 经济性原则

提高企业的薪酬水准，固然可提高其竞争性与激励性，但同时不可避免地导致人力成本的上升，所以薪酬制度不能不受经济性的制约。不过企业管理者在对人力成本进行考察时，不能仅看工资水平的高低，而且要看职员绩效的质量水平；事实上，后者对企业产品的竞争力的影响，远大于成本因素。**此外，人力成本的影响还与行业的性质及成本构成有关。**在劳动力密集型行业中，有时人力成本在总成本中的比重可高达70%，这时人力成本确有牵一发而动全身的效果，需要精打细算；但在技术密集型行业中，人力成本却只占总成本8%～10%，而企业中科技人员的工作热情与革新性，对企业在市场中的生存与发展起着关键作用，若此时倾向于计较他们的薪酬给多给少，岂非因小失大？

(5) 合法性原则

企业薪酬制度必须符合国家的政策与法律。由于我国法制建设过程受过不少干扰，起步较迟，现在仍在充实完善中，所以有关劳动工资的正式立法还较少。但也不是完全没有，例如，《妇女权益保障法》中就有涉及反性别歧视的条款；此外，国务院与各部、委也都制定了不少有关的条例与规定。但目前在其立法的正规性、完备性、成熟性及执行的严格性上，与一些发达国家相比，还有不小差距，有待填补和完善。

3. 企业基本薪酬制度的设计

企业基本薪酬制度的形式主要有以下两种：

(1) 能力薪酬

能力薪酬的主要特点是：根据职员本人所具有的综合能力（不限于本职工作能力），确定职员的薪酬等级和标准工资。**先要通过考核，对职员的能力大小及提高程度进行评价审定，然后再确定薪酬等级和工资标准或增资幅度。**能力薪酬的适用范围是：工作的技能要求和对职员的劳动熟练程度要求比较高以及工作（工作物）内容不固定的单位，或者产品繁杂、职员人数不多、工作内容变动频繁的中小型单位，如，机器维修厂、专业分工不细的制造厂等。

（2）工作薪酬

职务薪酬制、岗位薪酬制等均属于这一类型。它的主要特点是：职员的标准工资是由其所担任的工作（职务、岗位）本身对其文化、技术（业务）、智力、体力等方面的要求，以及劳动环境对职员的影响所决定的，即根据工作的劳动复杂程度、繁重程度、责任大小、精确程度以及劳动条件等因素确定各工作之间的相对顺序（等级），并规定相应的工资标准。职员从事什么工作就领取什么工资，不考虑其具有的超出本职要求的工作能力。这是它与能力薪酬最显著的区别。

实行工作薪酬制，必须先要对各种工作进行评价和划分等级。在评价工作时，要严守"只对工作（职务、岗位）不对人"的原则。职员管理部门在确定职员的工资等级和标准工资时，既要根据其所担任的工作，又要考虑其任职能力。

总之，薪酬制度是人事管理中一个复杂而又敏感的因素，也是推动企业战略目标实现的一个强有力的工具。科学的薪资管理能给企业带来巨大的效益。

4. 薪酬支付的若干技巧

把工作时间、工作效率、员工业绩、企业利润作为衡量薪酬支付的标准是一种很好的方法。

（1）计时薪酬

计时薪酬系统是指报酬与工作时间直接相关的薪酬支付方式。

计时薪酬可分为小时薪酬、周薪酬和月薪酬。一般而言，工厂的工人多领取周薪酬，而办公室的职员多领取月薪酬，兼职的员工则应领取小时薪酬。

在进行工作评价之后，每种工作都对应相应的级别，而每个级别都对应一定的薪酬。在每个等级中又有不同的档次，员工从某一档次开始，每年提升一档，最终升到该级别的最高档。这种体系对经历的关注大于对业绩的关注，员工一般每年依服务年限长短领取一次年度奖金。计时薪酬受工作评价的影响，注重工作本身的价值，而不是员工在此岗位上所表现出的技能和能力的价值，或是业绩的质量或数量。因此，计时薪酬对员工缺乏激励的效果，但是它可以保证员工有稳定的收入。而且，计时薪酬便于检查，从同工同酬的角度出发具有一定的平等性，尽管由于员工在同一级别中可能因不同档次而使收入有所差异。其优点主要包括以下三点：

①通过建立一种稳定的报酬体系而有利于留住人才。员工认识到随着服务年限的增加，在同一级别中的报酬也会逐年增加。其结果是员工留任和劳动力资源稳定，还可使员工有机会提高其技能和效益，相应的流动率不高；

②较易于管理，劳动力成本易于预测；

③不以牺牲质量为前提强调产出数量。

但是，这种体系也有很多缺点。尽管从理论上讲，随着员工工作能力的提高，产出成本逐步降低，但员工缺乏动力提高其生产效率。例如，一位周薪酬为200元的员工将周产量从100件猛增到200件。这对公司而言显然有益，但员工个人不能得到经济上的好处，不管产出量是100还是200，该员工的薪酬都不会改变。这就产生了一个问题，**如果某一级别的工人无论业绩好坏，薪酬都相同，那员工就没有理由努力提高自己的业绩**。此外，从一个级别到高级别的跃迁需要通过提升或个人事业发展，但这种做法应根据目前企业纵向层次减少、企业组织结构简化的现状而有所改变。

（2）计效薪酬

计效薪酬是将薪酬与员工个人的产出量直接关联。计效薪酬的前身是计件薪酬，即将薪酬与生产产品的个数挂钩，这在制造业中十分常见。例如，每件产品薪酬为2元，若一名工人生产了200件产品，则他的薪酬就应是400元。计效薪酬的优点有：

- 员工受到激励，将投入更多的努力，因为这样做将得到更多的收入；
- 尽管由于做同样工作的员工可能收入不同而不再有全面的平等，但报酬与产量挂钩也是公平合理的；

• 这种体系具有成本优势，因为薪酬直接与产量挂钩，中间的监控环节有所减少。

但是，计效薪酬很容易使产品质量出现问题，这给质量管理造成困难。

计效薪酬对员工的激励效果十分明显，但有时某些工作的产出是不易衡量的，因而也不适用计效薪酬。例如：游泳场救生员的薪酬就不能以救人的数量为测量基准。因为救生时救生员付出的努力和自身的技能确是关键因素，但游泳池中游泳者人数以及他们的水性却不是救生员所能控制的。计效薪酬主要有以下缺点：

①在提高产量的同时，也应强调质量标准。

②若实施计效薪酬后，工人感觉到工厂只能让他们增加产量，但很难兑现报酬，或实施中总要为薪酬讨价还价，那么，工人与管理层之间就会产生矛盾。如果工作有受骗的感觉，他们随后就会隐瞒重要的岗位业绩信息。

③在工会与管理层之间相互猜疑、互不信任的情况下，工会代表会采用计效薪酬体系，特别是与工资有关的部分，作为向管理者施压、挑起冲突的手段。

从积极的一面看，经过仔细策划，在工作及产出均可量化的情况下，在与员工事先进行沟通和咨询后，在管理层与工人之间保持良好关系的场合，计效薪酬的实施将会是有效的。

（3）业绩挂钩薪酬

业绩挂钩薪酬不只考虑工作结果或产出，还要关注实际工作效果。员工个人的业绩是依照预先设定的目标，或是对比岗位描述中所列的各项任务，利用业绩评估手段进行测量，然后根据评估结果支付薪酬。

①业绩挂钩薪酬的条件

业绩挂钩薪酬的激励作用也很明显，但是要有效地实施业绩挂钩薪酬，需具备以下条件：

• 个人之间的业绩有显著差异；
• 薪酬范围应足够大，以便拉开员工薪酬的距离；

• 评估人员拥有熟练技能以设定业绩标准，并操作评估过程；

• 企业文化支持业绩挂钩薪酬；

• 薪酬水平既有竞争性、又不失公平，企业在薪酬与业绩挂钩方面富有经验；

• 经理及下属之间相互信任，经理人员应该做好充分准备，针对业绩指标进行积极的交流、说明，同时要面对困难、决策问题。

具备了上述条件后，就可以引入业绩挂钩薪酬了。

②业绩挂钩薪酬的优点

a. 将激励机制与实现目标和主管认可的业绩质量相联系，薪酬与可量化的业绩挂钩，更具公平性；

b. 当员工业绩可以量化，而相应的业绩报酬也足以激发进一步的努力时，企业向业绩优秀者作报酬倾斜，此举会因目标集中而节省薪酬支出；

c. 业绩优秀者会支持业绩挂钩薪酬体系，因为他们意识到了薪酬与努力成正比；

d. 突出一种关注绩效的企业文化，使员工将个人努力投入到企业的活动中去。

③业绩挂钩薪酬的缺点

a. 可能影响到经理与下属之间的公开交流，下属很可能不愿意透露个人缺点信息，因为这类信息会使他们丧失优势；

b. 对以自我为中心的个人努力进行奖励，会影响到团队合作，而团队精神是必不可少的；

c. 业绩不良者受到处罚，对企业而言并非都是好事，因为企业的利益在于鼓励这部分员工改进自身业绩。

充分认清业绩挂钩薪酬的特色，有助于更好地应用它，以便于发挥其优点，克服其缺点。

（4）利润挂钩薪酬

通过使薪酬与利润挂钩，企业可以使薪酬成本更加明晰，员工也会受到激励更加努力工作，经营好时分享收获，经营差时共担风险，当然也应设计相应的方式使员工利益在利润下降时受到保护。**企业可以在现有薪酬**

的基础上，利用利润挂钩薪酬作为奖金，或将员工薪酬一并纳入挂钩体系。

这种报酬方式使员工与公司的利害关系密切，他们在晚间下班时会随手关灯，注意不让机器整夜空转，也许还可减少增加薪酬的要求。当然，利润挂钩薪酬并不是对所有公司都有效。对那些员工收入水平较低、纳税较少的公司，或是利润变化很大、无法预测的公司都不太适合。这种支付方式的优点如下：

- 员工明确自身利益与企业成功的关系更为密切，从而增加责任感，提高业绩水平；
- 有利于消除员工中“他们”与“我们”的心理屏障；
- 企业鼓励员工为了共同利益而进行合作；
- 当经营环境恶化（如出现衰退），企业利润中用于薪酬的部分会有所下降；
- 员工意识到业绩与企业盈利水平之间的关系，因而对成本和自身表现更加关注。这种认识对企业接待员工提出的薪酬要求有利。

总之，如果薪酬制度仅仅是让员工们满意和认可是远远不够的，那样只会让员工们对自己的工作自满自足而不思进取。让薪酬制度充满激励性，能强化员工的劳动行为，并引导和推动员工向更高的目标奋斗。企业管理者应根据本企业以及职位的特点，选择合适的薪酬支付方式，不断提高员工的努力程度，这是实现企业成长目标的重要所在。

5. 对员工提供必要的奖励与福利

（1）对员工的奖励

奖励是对员工超常规工作表现的一种鼓励性报酬。为了鼓励提高生产力，企业尝试了一些新的分配方式，由此产生了许多不同的付酬方式、计划和设想。工作表现奖励制度通常以下列简单的逻辑为基础：

- 某些工作对企业的贡献要大于其他工作；
- 有些人比其他人工作做得更好；

• 贡献多的员工应该得到的也多。

奖励制度可能往往搞得比较复杂，并且形式也多种多样。但是，以下一般性的指导原则，对于设立和维持奖励制度仍会有所帮助：

①了解企业的文化和资源。任何奖励方案得以成功的一个重要原因，是它与企业的文化和财务资源都能保持协调一致。

②将奖励与良好的表现挂钩。奖励应尽可能与良好的表现联系在一起。必须让员工感觉到，他们的工作努力与他们的奖励所得紧密相连。另外，还必须使员工和管理者都确实感到，奖励是公平的，而且效果是理想的。

③使奖励计划符合当前的要求。奖励计划应一贯反映当前企业的各种技术条件。应不断检查各种奖励制度，以确定它们是否如同设计的那样在有效地发挥作用。

④了解个人间的差别。奖励计划应考虑到个人间的差别。人是各种各样的，并非所有的人都指望同样的奖励方式。因此有必要设计多样性的奖励制度，以适应不同团队和个人的口味。据此，个人奖励计划必须仔细认真地加以制定。

⑤使奖励计划与基本工薪保持独立。成功的奖励计划必定是将奖励报酬与基本工薪水平相互分开的。这种区分使工作表现与奖励报酬的关系一目了然，它同时还进一步强化了这样的理念，即员工的一部分收入在下一个开支周期必须通过努力才能“再次挣回”。

奖励可以针对个人表现、团队或小组表现或企业整体表现。这三种聚焦方式对员工间的合作具有不同的影响作用。

福利设施对从业人员来说是一种薪水以外的收入，例如，有的公司经常给员工分发日暖和生活品，节假日时还发许多副食；公司若备有宿舍，不花钱或支付很少一部分房租就可住得舒适安稳，要参加团体活动也较容易。总之，员工可以从企业得到种种的方便。

（2）对员工提供福利

大企业都在致力于改善福利措施，这与高工资、休息日多，并称为三大法宝。在日本，首先对员工最重要的是企业能够资助住宅。某大企业扩大了以员工为对象的住宅融金网，以3%的利率借给管理人员3000万至

5000万日元，这比银行的住宅贷款5.5%的利率低得多。另外，企业还利用本身所拥有的不动产来改善员工的住宅条件。原先员工独身宿舍有不少是简易的木结构，有的是2人同室或3人同室，这种状况只能使年轻人厌恶。现在已经有了用电脑来控制，只有持宿卡的人才能进去，私生活绝对保密，安全上也完全保证的宿舍。

在这三大法宝中，中小企业最不愿花费资金解决的就是福利措施。但是，如果从员工的角度来看，他们要长年在这家企业工作，最关心的就是福利措施。提高工资和增加休假日，都好解决，而员工住宅和独身宿舍则与公司的房地产密切相关。

提高福利待遇，能够使员工无后顾之忧，能够促进员工心情愉快地投入到工作中去。

不过，许多善意的企业领导者都以为给予员工慷慨的福利待遇，如组织员工旅游等，就能增加企业的凝聚力，结果却发现员工变动率丝毫没有下降。

平心而论，企业出钱组织活动，那些超额完成任务的员工当然可以问心无愧地参加。但是，没能完成任务的也参加，就起不到奖勤罚懒的作用。正确的做法应是：让超额完成任务的人去旅游，让没有完成任务的员工留在企业继续工作。这样看起来有点不讲情面，但实际上所起的作用却是积极的。旅游的员工感到光荣，备受鼓舞，日后定会更加努力地工作；留下来生产的员工会感到惭愧，心里会有一种摘掉落后帽子、下个季度使劲干、争取超额完成任务、加入先进行列的想法。

二、薪酬管理应当因人而异

1. 企业高级管理人员的薪酬设计

在美国，一些大公司的最高层管理人员的年薪可达100万美元，甚至几百万美元。在市场经济逐步确立的过程中，类似前面招聘信息中所列的高薪已非鲜见，在这种情况下，合理确定高级管理人员的工资和工资结构就有着深远的意义。

无论在何种工业条件和经济条件下，公司为在竞争中取胜，对于高层经理人员的薪酬管理设计，应着眼于以下两点：

- 对高级经理人员的薪酬管理设计要具有长期的投资式的战略眼光；
- 使最高层管理班子具有稳定性。

认识这两点，并在此基础上制定高级经理人员总体报酬的统一计划。图 9－1 是重新平衡过的高级经理人员报酬系统的各个要素。

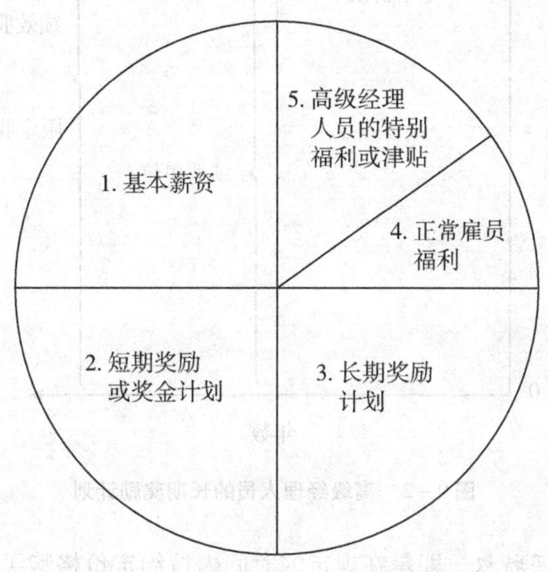

图 9－1　高级经理人员的薪酬构成

这些项目，要根据各自不同的特点，有区别地加以设计。

长期奖励计划的设计显得格外重要，因为它和我们前面的两个着眼点紧密联系，即：对高级经理要具有长期战略眼光和使高层班子具有稳定性。为此，这类计划往往与持公司股票的某些权利挂钩。一般说来，这些计划可以分为两大类：

- 使高级经理人员的奖励与股票价格的增长相联系的计划；
- 使奖励与预先约定的公司绩效水平相联系的计划。

图 9－2 是从高级经理人员的角度展示的长期奖励计划示意图。对这一计划的更具体的诠释如下：

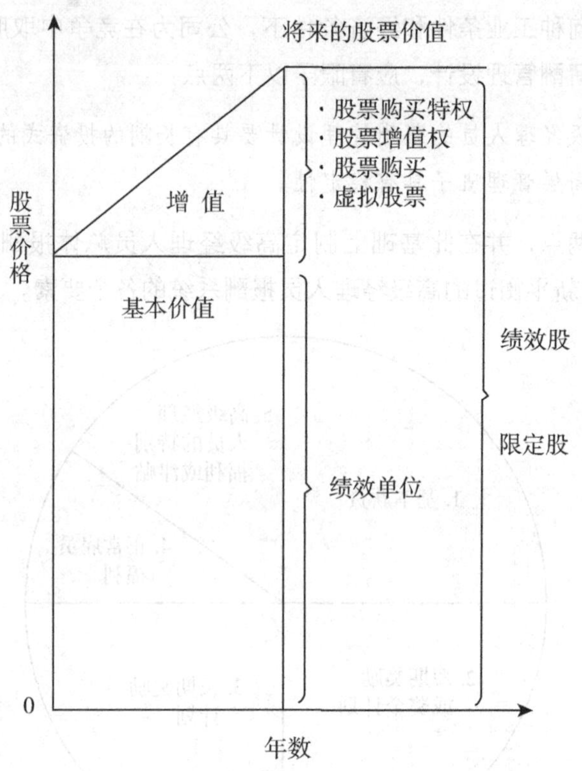

图9－2 高级经理人员的长期奖励计划

①股票购买特权。即是在规定的时间内按约定价格购买公司股票的权利。**其中有资格获得优惠税收待遇的某些股票购买特权被称为“奖励性股票购买特权”，不满足这些条件的则被称为“无资格特权”。**

②股票增值权。是附属于股票购买特权的一种权利，可以使高级经理人员在股票购买特权的有效期内因股票价格增值而获利，并不需要实际使用这种权利。

③股票购买权。是高级经理人员按全价或折价购买其公司股票的优先权。

④虚拟股票权。与股票购买特权无关，使高层经理人员有资格在几年内，由于股票价格增值而获得与股利等价的报酬。

⑤限定股。是公司授予高级经理人员的股票或股票单位，它们是在高级经理人员连续受雇过程中“挣出来的”。

⑥绩效股或绩效单位。是公司授予高级经理人员的股票或成功奖金授予额：以公司能够实现某些特定的经营目标为充分条件的奖励。

现在，年薪制已成为高级经理人员薪酬设计的一种新时尚。

年薪制与一般员工的月资制，甚至生产工人的周资制相比较，体现着高级经理人员的经营管理能力和价值。在有的人才招聘现场，某些优越的高级经理人才打出了低于多少年薪不就的标的。这是企业和社会对其价值的认可。年薪制兴起在一定程度上是源于下面的因素：

其一，市场经济的深入，管理人员劳动力商品化的深入；

其二，以人为本的人力资源管理理论的深化，知识经济时代的初步显现。

在确立现代企业管理制度的过程中，合理地确定高级管理人员的工资和工资结构尤为重要，在企业平稳发展的过程中有着深远的意义。

2. 一般管理人员的薪酬管理

所谓一般的管理人员，在企业中可以界定为是这样的中层管理群体：

- 区别于最高层的和高层或部门经理人员，职务上比他们要低；
- 区别于生产性工人或普通职员，肩负有一定的管理职责。

一般管理人员在数量上要比高层经理人员多，特别是在某些大的公司、组织。这种情况下，往往还要根据客观情况，对一般管理人员进一步细分，分为中高层和中低层，或采用其他的分类方法，只要能够解决薪酬的设计问题就是有效的标准。

就一般管理人员的中上层而言，界定他们的薪酬可以参照上一节中高级经理人员的薪酬管理，或者纳入到一个体系中去。当然这主要同从中级到高级和最高级晋升的体系联系起来。这里仅需要提纲挈领地说明一下：

①基本薪资。这是职能薪资制较多被采用的，一般通过对管理人员的能力、知识、经验、绩效等的评估，为他们分别确定不同的职能等级，按此设计其基本薪资表。随着管理人员职能等级的晋升，其基本工资也是不断上升的，而职能等级的晋升则有着明确的晋升标准及考核手段。

②奖金和红利。这一部分与高级经理人员的薪酬设计相仿，不过在额

度上要相对低一些。有的主管设计为：最高层经理人员所获奖金相当于基本薪资的50%～60%；第二层经理人员相当于40%～45%；第三层经理人员相当于35%～40%。

③福利与津贴。同样可以逐步纳入自助餐式福利计划，毋庸赘述。

前面涉及的是中高层的一般管理人员，那么基层的一般管理人员的薪酬设计该当如何呢？我们这里供讨论的基层一般管理人员，他们具有下列一些条件和特点：

- 他们直接承担着最基层的生产或者经营业务，完全没有脱离开“第一线”；
- 他们还肩负着一般生产或经营业务以外的工作任务，他们带领着有一定规模的小组，是这个小组的成员，并且是这个小组的最直接的基层“管理者”。

这些基层管理人员，在直观上像中学的老师兼班主任，像部队里的军士班长；在企业组织中，他们在生产车间担任班组长；在销售系统中，他们往往带领一个销售业务小组。他们的薪酬管理的关键在于界定业务薪资以外，为他们的管理活动和管理工作创造的效益支付合理的报酬。**除此之外，在福利待遇上应逐渐把他们纳入职业管理者阶层享有的体系**。而不管是基本薪酬，或是奖金福利，都应与一般管理人员的晋升联系起来，在职业管理者阶层和普通员工之间界定一个合理的中间位，这样，报酬体系才能具有可靠而有效的制度支撑。

3. 科技及专业人员的薪酬管理

在市场经济建立之初的几年里，就业领域忽然冒出一些陌生的词儿：注册会计师、律师、精算师等。直到现在，名牌大学里的考证热仍在说明着：这些都是令人羡慕的职业，丰厚的收入，优裕的福利。

最近几年，随着“知识经济”时代的提前到来，以计算机和网络开发为代表的专业人才需求日趋升温，就是在最不景气的时间里，计算机科学软硬件专业的毕业生仍炙手可热。他们往往不费太多的力气，就能谋到一份年薪十万的职位，这常常引起经济学专业毕业生的满腹牢骚。**技术的因**

素在组织中愈来愈重要，特别是掌握核心技术的专业人员，他们是企业创新的骨干力量。这些人才的去留往往极大地关系到组织的生存和发展。基于此，为科技及专业人员薪酬管理做专门的讨论显然是很有意义的。

企业组织中有专门技术或有专业技术职称的工程师、经济师、会计师、律师、科学家、人力资源管理专家等，他们主要从事脑力工作。他们工作的内容、困难程度及重要性很容易被感觉到，但却都不易做出衡量，因为许多工作都不是例常的。为了进行科研攻关或者解决专项管理课题，他们常常需要组成专门的小组，但在不同的小组中他们所承担的角色也不固定，简单地通过职务高低来确定薪资，显然很困难。在科研和专业人员较为集中的公司或组织中，为技术人员专门设计一套薪资制度是必要的。

员工的薪资报酬与其在公司中的地位晋升密切联系着，所以考察组织中科研及专业技术人员的晋升是薪酬管理的突破口。可以看到，科研及专业技术人员的晋升遵循两种途径：

①管理类。主要从事一般管理阶层的监督指导类的工作，组织下属科研、专业技术人员及其他人员工作，从而使自己的管理职务不断提升。

②专业类。完全将精力放在专业知识的增长及专业贡献方面，一直从事本专业的工作，并不涉及或主要不是从事行政或管理工作，通过专业上的发展使自己在组织中的地位、权威或资历不断上升，薪资也必然随之上升。

化学、物理、机械、电子计算机等学科的大学毕业生，在企业中担任本专业方面的科研人员，这类专业技术工作者可以遵循着专业发展途径晋升为高级研究员、副研究主任、研究主任等技术级别。另外，他们还可以逐渐从事行政或管理工作，同时兼顾专业研究，他们遵循着组长、部长、实验室主任的管理职级晋升。在通常的情况下，这两条途径到后来还会合二为一（如图9－3所示）。

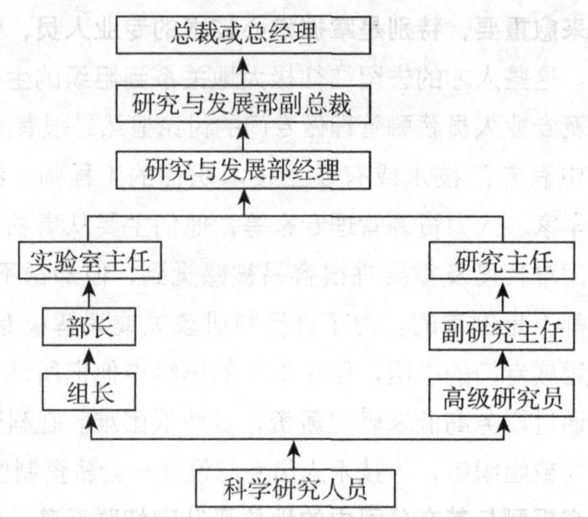

图9－3　科研及专业技术人员的晋升途径

其原因有二：

①从专业途径争取向上晋升所受限制较多，通常不及转向管理途径晋升的机会多，晋升得快。

②企业最高层，在一般情况下都是属于管理性质的职位。所以，**专业人员发展到一定的程度，若想在企业中继续晋升，只有逐渐脱离原有专业，向管理方向发展。**

科研及专业技术人员的薪资的设计大多依照员工受教育的程度、专业技术水平、科研能力以及年资等，根据专业人员的事业成熟曲线来确定薪资增长的大致趋势是常用的有效的办法。下面图9－4展示了科技及专业人员专业资格的晋升及能力发展趋势，是典型的事业成熟曲线。

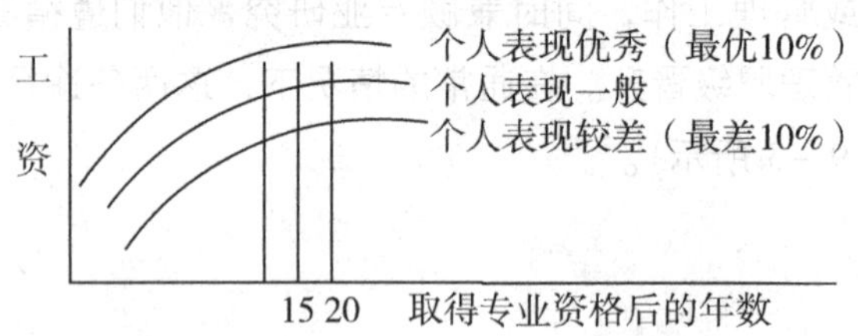

图9－4　科技及专业人员成熟曲线图

图9－4反映的基本信息是：科技及专业人员在起初累积的专业知识随时间而急剧增长，因为年轻的技术人员接受新知识的数量大，速度快，加

上实践经验的积累，其工作能力大大提高，薪资也就上升很快，经过一个时间临界以后，由于知识已经掌握到一定程度，需要学习的基本知识相对较少，旧的知识老化，事业处于稳定发展的阶段，薪资水平比较平稳。图9-4中这一临界在10~20年左右。

图9-4中三条事业成熟曲线，反映出优秀、一般、较差三个层次的员工的薪酬水平。一般说来，制订专业技术人员的薪资时，除非他才能特别出众或者特别不如人意，否则只要受教育程度和年资相同，知识水平和工作能力相仿，这些员工的薪资水平也应大致相当，这样才能体现内部的公平性。当然，即使起点水平和时间相同，组织也应当使特别勤奋、工作负责而富有进取精神的员工同应付工作、表现平平甚至有缺勤、懈怠现象的员工在薪酬水平上有相当的差别，以体现薪酬的激励性。**一般而言，在基础一致时，因业绩不同而造成的薪资差别，最优者可高于一般者10%。而最低者亦可低于一般者10%**。总之，在专业及技术人员薪酬体系设计中，要突出两部分，一是职能资格的区分，即总趋势线展示的内容；二是对科研、专业技术人员工作表现和实际工作效果的考核，作为绩效薪资或加薪的依据。

鉴于科研及专业技术人员往往掌握着公司的核心技术，他们的去留对公司的影响甚大，因此奖金奖励管理必须着眼于招揽人才和奖励创新，可以强调奖金、利润分享及企业的股票认购等，也可采取收益提成的办法鼓励科研及专业技术人员为企业作出贡献。

鉴于科研及专业技术人员的工作特点和个人需要，主管除了应把他们纳入适当的福利计划，譬如自助餐计划以外，还要充分考虑科研人员的工作和生活之需。

4. 销售人员的薪酬管理

销售人员有着明显的自身特点，是开发市场的主力军。他们有别于管理阶层和生产人员。为此，对销售人员的薪酬管理应实行多种形式的考核制度。

销售人员有别于职业管理阶层，也有别于专业制造生产人员，有着明显的群体特点。有人说公司企业能否生存发展决定于是否有市场，可见设计有效的销售人员薪酬方案对整个组织的成长是多么的重要。

联系薪资报酬，销售人员的工作有三个方面的特点：

①**工作时间自由，单独行动多**。对于管理人员和制造工人，主管可以对他们进行严格的考勤，而对于销售人员则不能，他们晚上可能陪客户宵夜到很晚，也可能早上九点还在睡觉。这仅是一个侧面。

②**工作绩效可由具体成果显示出来**。每日、每月，或每季度、每年的销售量、销售额，白纸黑字，清楚无误，而与销售相伴随的货款回收、售后服务以及新客户开发等工作也易于统计，整个业绩可谓“跃然纸上”。

③**工作业绩的不稳定性**。除去销售人员的个人能力，他们的工作成果在很大程度上受诸多外在因素的影响，譬如产品销售的季节性，整个经济的景气与萧条，产品本身的品质性能，替代产品的出现及竞争的激烈程度等，这些因素往往不是销售人员所能把握的。因而销售业绩的参差不齐或者大起大落的波动都是不足为奇的。

鉴于销售工作本身的这些特点，主管人员在为销售人员设计薪酬时，应该依据什么，不依据什么，考虑什么，不考虑什么，已然比较明晰。

具体来讲，销售人员的计薪方法很多，大体上可以设定这样一个波段，一端是纯底薪制，一端是纯佣金制，中间是各种不同形式的底薪加佣金合并制度。下面列举的是各种计算销售人员薪酬的计划，包括：

纯底薪制；

底薪＋佣金；

底薪＋个人奖金；

底薪＋佣金＋奖金；

纯佣金制；

各种形式的竞赛以及选举最佳推销员奖励计划等。

一般地讲，可以把这些计划归为三大类：纯底薪制、纯佣金制、底薪加佣（奖）金制。纯底薪制的设计可以参照其他人员的薪资体系。优点是员工的收入稳定和有保证，对公司有较强的归属感；缺点是缺少激励性。纯佣金制则相反。底薪加佣金制具备两种体制的优点，员工的收入有保障且兼具激励作用，但在计酬上比较复杂，行政费用较大。

着眼于主管人员的实际操作，现介绍两种在现实中常用的经过折中处理的销售人员工资管理办法：

①以平均分摊方式制定佣金的办法。采用佣金奖励的工资制度时，销售人员会因不同销售季节的业绩起伏而造成收入波动。**销售旺季，佣金数额很高，淡季则佣金很少甚至没有**。这一情况给公司带来一些麻烦，一方面是销售不畅时员工可能会跳槽，另一方面销售旺盛时组织内的销售人员的竞争可能会过于激烈，影响团队的和谐。以平均分摊方式制定佣金的办法较多地被用来解决这些问题。

为了使说明更易于理解，我们用下面的例子解释这一方法。某摩托车销售人员的奖励办法中规定每推销出一辆摩托车可得佣金 315 元，但佣金支付不是一次性的，而是分 8 次付完，也就是说，推销出一辆摩托车后，佣金被分为 8 份（每月 1 份）支付。第 1 到第 7 个月支付佣金 40 元，第 8 个月支付 35 元，共计 315 元。如某销售员阿黄的销售业绩如下表 9－5 所示，假如佣金每次都是一次性支付，其每月收入状况如 I. 栏所示，可以发现，阿黄的月最高收入 9450 元与最低收入 0 元之间相差悬殊，假如采取佣金分摊的方式，则阿黄的月收入大致稳定在 4000～5000 元之间。

表 9－5　佣金平均分摊法举例　（单位：元）

月 份	一月	二月	三月	四月	五月	六月
销售量（辆）	3	5	10	15	20	25
I. 一次支付佣金法	945	1575	3150	4725	6300	7875
Ⅱ. 平均分摊佣金法	120	320	720	1320	2120	3120
月份	七月	八月	九月	十月	十一月	十二月
销售量（辆）	30	25	20	5	0	10
I. 一次支付佣金法	9450	7875	6300	1575	0	3150
Ⅱ. 平均分摊佣金法	4320	5305	5975	5525	5525	5300

②以销售人员能力和年资为依据制订薪资的办法。这类薪资体系最大的特点在于员工的稳定性。在体系上它包括基本薪资、职级津贴和奖励佣金；其中基本薪资与奖励佣金的作用如前面所讨论的，而职级津贴则是针对不同等级的销售人员的，下面的表 9－6 是一个具体的职级分类与津贴规定表。

表 9-6 ××公司职级分类与津贴表

职级	必要的服务年限（年）	职级津贴（元）
经理	12	500
副经理	12	450
经理助理	10	430
主任	8	400
副主任	6	350
组长	3	300
推销员 3 级	3	200
推销员 2 级	2	150
推销员 1 级	半年以上	100

第十章

协调矛盾：创造和谐的人际环境

在日常工作中，企业经营者与管理者最烦恼的就是如何处理人际间的矛盾。社会生活中的每一个人都不是独立存在的，而是与某些人共同地生活在一起，在共同的劳动、工作中，人们一方面建立了深深的友谊；另一方面也产生了许多矛盾和冲突，严重地妨碍着人们的工作热情和工作积极性。因此，妥善处理好各种人际纠纷，对于企业的经营者与管理者来说是不容忽视的。

因此，企业经营者与管理者的一项重要职责就是协调企业中的各项人际矛盾，掌握促进人际和谐的领导艺术，从而促进企业形成团结协作的良好局面。

一、和为贵，团结就是力量

中国有句古老的格言："和为贵。"人们常说："天时不如地利，地利不如人和。"这就是说，调解人际矛盾，实现人际和谐，具有多么重要的意义。

1."人和"是企业经营之宝

一个组织系统的工作成效如何，往往取决于这个系统中的成员是否相"和"。"和"就是协调，就是团结，而团结就是力量，有力量才会有成效。可以说，"人和"是企业经营之宝。**所以，任何领导者，欲成就一番事业，就必须重视"人和"，善于调解各种人际矛盾，使得上下同欲、和衷共济、齐心协力地实现组织目标。**

在现代企业中，出现人际矛盾并不可怕，可怕的是不解决矛盾，任其存在和发展，成为工作中的人为障碍，产生无休止的内耗。现代领导者的重要职责之一，就是调解各种人际矛盾。只有调解了矛盾，企业才能得以发展。企业发展要求人们同心协力、互助合作，因而必须"人和"。人际矛盾，造成人的感情上的争抗和沟通中的疑难，阻碍了企业的工作效率和进展。只有调适了矛盾，解决了矛盾，消除了隔阂，才能引导大家上下同欲，左右同心，和衷共济，搞好工作，才能有效地实现企业的目标；只有调适矛盾，化干戈为玉帛，才能使员工心情舒畅，工作热忱高涨，工作积极性、主动性、创造性得到激发。因此，每一个企业领导者都应把调解人际矛盾作为一项重要的工作来做。

企业的领导者又是员工冲突的最后仲裁者，这个仲裁者要想保持权威，就必须以公平的面貌出现，因为领导在员工的心目中应该成为公正的化身、正义的代表。如果过于偏袒一方，被偏袒者自然会拥护你，可是在另一方心里，你将不再有权威性，对你的裁决也会产生成见。**所以一碗水要端平，从全局出发，认真对待，是领导者在处理员工冲突时应遵循的最起码的原则，尤其是调节利益冲突时，更需要如此。**

2. 化解矛盾：创造融洽的人际环境

人人都希望在和谐、友好、安定的环境中工作和生活，不愿意在互相争吵、剑拔弩张的气氛里过日子。尤其在企业或公司中，人际矛盾严重地影响着企业的发展，所以，为了保证企业的协调发展，就必须调解好员工的人际关系。但是，冲突的发生与否，并不以人的主观意志为转移。凡是有人群的地方，都有可能发生冲突。

矛盾、冲突，作为一种动力，它迫使人们不断地奋发向前，超越他人，争取胜利；矛盾、冲突，作为一种阻力，它时刻都在影响着组织的发展和人际关系的和谐。

矛盾、冲突是一种激烈的斗争。**所有的矛盾、冲突都存在着赢与输的潜在结局；所有的冲突都存在着相互依存的复杂关系。**

在矛盾、冲突过程中，管理者有时扮演的是重要当事人的角色，有时则是仲裁者的角色。无论扮演什么角色，重要的是管理者必须具有判断冲突情况及科学处理这些冲突使之为企业的目标服务的知识和技能；必须有能力在所有当事人都满意的前提下，分析和解决冲突，并保证他们都心悦诚服，且不影响今后的关系。

3. 化解矛盾：从领导者自身做起

企业的每个成员都有自己的思想及嗜好，都拥有自我意识。社会聚集了各种各样不同的人，当然就会发生很多对立的情况。人类社会就像是个许多问题的集合体。

作为企业领导，如果将对峙的情况置之不理的话，企业内部的人际关系就会恶化，不但会妨碍正常的工作秩序，也会给企业的经营带来不良的影响。

遇到这种情况，领导者最好能尽快消除对立的状况。做到以下几点，消除对立的状况：

①其实别人对领导并没有恶意，而领导却以为别人在故意跟自己作对。

②没有误会对方吗？**事物所呈现出的一面其实是掩盖了很多细节的结**

果。即使在看一个人的时候，也常会因所看到的某一部分而产生误解。如果是这样的话，重新整理自己的视角，问题就能解决了。

③是不是完全不了解对方而领导妄加揣测呢？有时候，下属无心的一句话，在领导听来却变得过于严重。领导怎么对别人，别人就怎么对领导。可能因为领导的态度不好，而使得对方也不得不与领导对立了。

④对立的原因为何？事出必有因。如果能了解具体的原因，就能对症下药，消除对立。

⑤对方的真意在哪里呢？是个性本来就是如此呢？还是一时的兴起呢？努力从对方的表情、态度、说话的语气来了解其本意。

⑥真的不对立不行吗？如果是会影响公司利益或规章制度上不允许的重要事情的话，就必须断然地划下一道界线。领导不能视人际关系为轻易妥协的产物。但是领导必须了解到，为了微不足道的事物而对立，是件多么愚蠢的事！

⑦互相对立对彼此有什么好处呢？如果能不只考虑到私人利益，而以更广泛的观点来思考的话就好了。**领导者站在公正的立场，义正词严地主张正确的事物绝对不是件坏事**。然而不好的人际关系不只损害到自己，我们也要为对立而造成别人不愉快的那些事情负责任。

“大人不记小人过”，说起来容易做起来难。为了消除上下级之间的对立情绪，领导者有时需要委屈一下自己，设身处地了解对方的心理和观念，以“君子之心”度“小人之腹”从自身做起，以大度及宽容来化解矛盾。作为企业经营者，应善于协调矛盾，化解矛盾，为了消除上下级之间的对立情绪，要大度，这是改善企业人际关系、创造人和局面的根本所在。

4. 让纠纷消失在萌芽状态中

在企业管理工作中有效防止和解决冲突，最根本的是要抓准苗头。无论是个人之间还是群体之间，当冲突处于萌发之时，某一问题成为双方关注、争执、互不相让的焦点，矛盾就会初露端倪。如政治方面的某个观点，切身利益的具体项目，道德方面的某一行为倾向，情感方面的隔阂等。如双方继续在某个焦点上积累矛盾，发展到一定程度，就会围绕这一点发生冲突。社会学家认为，一个群体间的矛盾就像是一个大气球，必然是越积越大。**因此，必须在达到爆破的极限前，先释放一些气，避免矛盾的激化，也就不至于形成冲突。**

当人们普遍就所关心的问题作了较偏激的反应时，就会形成一种跟风心理，这种心理的突出特点就是情绪色彩浓厚，相互传染快。这些情绪色彩显现在外的就是对企业领导者产生较强烈的对立情绪，特别是当一部分人的要求得不到满足时，这一情绪就更加明显。企业领导者如不及时加以疏导，这种对立情绪就会恶化并引发冲突。对此企业领导者必须从理顺情绪入手，疏通宣泄渠道。

现实生活中的许多具体冲突事例可以看出，矛盾不断激化的一个重要原因，是员工不满意的地方太多，又压着不能讲，问题长期得不到解决，就像高压锅一样，持续高温又没有出气的地方，到一定程度非爆炸不可。

当然，矛盾和冲突发生后企业领导者要果断处置，迅速控制事态，最大限度地减少冲突导致的消极影响和破坏。对那些性质比较严重，事态可能扩大的冲突，要快刀斩乱麻。在情况不明、是非不清而又矛盾激化在即的时刻，先暂时“冷却”“降温”，避免事态扩大，然后通过细致的工作和有效的策略适时予以解决。只要把握了解决矛盾的主动权，任何矛盾和困难都是可以解决的。

所谓“信息隔阻”，就是指信息在经过企业领导者时要有意识地对其断流，以便有充分的时间调查研究，求得问题的妥善解决。

如果只有沟通没有隔阻，那么就会形成信息失控，造成因小事而影响班子团结，因流言而瓦解班子的不良结果。因此，作为企业领导者，应把握好各方面的思想情绪，做到该畅则畅，该阻则阻，从而达到化解矛盾、消除不利因素、求同存异之目的。

作为一个领导集体，其领导成员之间不可能时时事事意见一致，更不可能彼此之间没一点看法，员工对领导班子成员的意见和议论也是在所难免的。这些意见和议论，会通过各种渠道传入企业领导者耳中。

对这些传言，特别是企业领导中一成员对另一成员的看法，一般应先行隔阻，不能贸然将意见全盘托给被反映的另一成员，而应当经过一些侧面观察或调查，再酌情处理，不作隔阻、急于沟通，只会增加成员之间的隔阂，或者增加被反映者不必要的心理压力。

企业领导成员生活在社会上，不可避免地会存在家庭矛盾、邻里矛盾、社会矛盾，人们遇到此类矛盾或受到委屈，有时出于依赖心情，会向上级企业领导者吐露一点情况，纯属私人事务的问题。作为企业领导者应真诚地帮助其化解矛盾，提出建议，切不可到处张扬，也不可在管理层其他成员之间散布。散布会伤害成员之间的感情和形象，隔阻反而利于工作和团结。

企业领导者有时会提前根据确定的议题，提请各成员独立思考，以便集思广益，使决策更加符合实际。在酝酿阶段，一些成员要与企业领导者交换意见，沟通思想。由于角度不同，有些意见会涉及其他成员职权范围之内的工作，对于此类意见和建议，应先在企业领导者与提出建议的成员之间探讨，而不宜不加分析地直接向其他成员传播，以免由于职权划分问题，引起成员间的纠纷或意见。

5. 解决人际矛盾的四种方法

化解企业中的人际矛盾，充分调动各个方面的积极性需要讲究方法，使矛盾或冲突双方都心悦口服，从而达到新的团结。

（1）彼此谦让

就是迫使争执双方各自退让一步，达成彼此可以接受的协议。这是调停纠纷、解决冲突最常见的办法。这种解决办法，关键在于找准协调双方的适度点。无论调停政治纠纷，还是解决日常工作和生活上的冲突，要使双方团结起来，共同行动，就不能采取偏袒一方，压服另一方的做法，而应该运用彼此谦让方式解决问题。

（2）迂回前进

这是说在特定的条件下，对一些无原则的纠纷应采取含糊的处理方法，或者为了解决某些冲突，可做出一些必要的合作，折中或退让、或妥协。比如鼓励冲突的双方把他们的利害关系结合起来，使双方的要求都得到充分的满足；或者在冲突双方的要求之间寻求一个折中的解决办法，让双方都得到部分满足；或者驱使一方放弃自己的利益去满足另一方的要求；或者用暗示或不管的方式鼓励冲突双方自己去解决分歧等。假如双方都是搞派别斗争，为他们各自的小集团的私利而闹纠纷，完全违背了整体利益。在解决这样的纠纷中，就不必去分清谁是谁非，事实上也无法分清谁是谁非，可采取各打五十大板的含糊决定来处置。又如，对某些闹事问题的处理，从闹事本身看并不正确，但为着有利于大局的安定，在说清事理之后，可对他们的要求做出一些不损害大原则的妥协，以缓和矛盾。虽然，这样处理纠纷的方式看来显得简单和有点不分是非，但仍不失为一种解决冲突的方法。

(3)"接受时间"的方式

这是指解决冲突的条件还不成熟，需要维持现状，等待时机给予解决；或者经过一段时间的积累，由工作或生活本身逐渐地加以调整。采取这种方式，让人们通过时间，逐渐放弃旧有的成见，适应新观念和新事实。这样解决冲突的方法是十分明智的。**因为一个人的信仰、观念和立场的改变，往往需要一个体验的过程。**如果采取强加于人的做法，常常会使矛盾激化，隔阂加深，操作人们的感情，产生不良的后果。而"接受时间"则可以使冲突的解决比较自然和顺畅。如当有人对组织的决议持不同意见时，组织上允许其"保留意见"，并不滥用组织手段强迫其改变观点。当然前提是在行动上必须执行决定，这儿的"允许保留意见"，运用的就是"接受时间"的方式。

(4)泄愤释怒的方式

双方发生纠纷以后，应该让每个人都有机会泄愤释怒，不要让心头的愤怒禁锢起来。这就可以缓和冲突的紧张程度，打开解决纠纷的大门。

比如说，两个人吵架了，闹了大的纠纷，就可以领到"健康管理室"来组织双方接受健康管理教育。第一个房间，一进去，对面有个落地大镜子，两个人来站着照镜子。双方在吵架时，感觉不出自己的面貌变化，脸红脖子粗，非常激动，一照镜子，威风马上就刹下去了。自己就提醒自己，感到自己今天有些失控。然后到第二个房间，是一排哈哈镜，双方依次照镜子，通过这些镜子启发双方要正确对待自己，正确对待别人，不能像哈哈镜那样把自己看得很高大，把别人看得很矮小。然后再向前走，进入弹力球室。在地板上和房顶上各有一个钩子，中间用橡皮条紧紧拉着一个球，挂得一人多高。让每人用力打三下，由于弹力作用，球弹回来正好打在自己额头上，以此来启发双方认识人与人的关系就同作用力与反作用力的道理一样，你伤害别人，别人就会伤害你。再往下走，是傲慢像室。是用稻草做得非常傲慢的草人，每人用棒打三下，让双方发泄一通，并启发他们否定这种傲慢态度。再往下走，走廊两边挂着许多照片，一边是青年人应该怎样生活、学习，如何正确对待别人、尊重师傅和长辈；另一边是青年人在酒吧间里鬼混、打架斗殴等社会的黑暗面。两边对照，启发青年要正确地对待生活。最后双方交换意见，互相表态，问题得到解决。

二、妥善处理好各类人际纠纷

1. 化解与下级矛盾的 8 项法则

领导者在用人的过程中，与下级产生矛盾是难免的。**因此，只有善于化解矛盾、变不利因素为有利因素，才能更好地用人。**

领导者解决矛盾的过程便是建立威信的过程。领导者的思想水平、个性品质、管理才能、领导艺术，恰恰就体现在这里。

(1) 工作失利时，敢于主动承担责任

领导者决策失误是难免的，因决策失误而使工作不理想时，便需警惕，这是一个关键时刻。上、下级双方考虑到责任，都会自然产生一种推诿的心理。

把过错归于下属；或怀疑下属没有按决策办事；或指责下属的能力，极易失人心，失威信。

面对忐忑不安的下属，勇敢地站出来，自咎自责，紧张的气氛便会缓和。

如果是下属的过失，而你却责备自己指导不利，变批评指责为主动承担责任，更会令下属敬佩、信任、感激你。

(2) **允许下级尽情发泄**

领导工作有失误，或照顾不周，下属便会感到不公平、委屈、压抑。不能容忍时，他便要发泄心中的牢骚、怨气，甚至会直接地指责、攻击、责难领导。面对这种局面，领导者最好这样想：

• 下属找到我，是信任、重视、寄希望于我的一种表示；

• 下属已经很痛苦、很压抑了，用权威压制对方的怒火，无济于事，只会激化矛盾；

• 我的任务是让下属心情愉快地工作，如果发泄能令其心里感到舒畅，那就令其尽情发泄；

• 我没有好的解决办法，唯一能做的就是听其诉说，即使很难听，也要耐着性子听下去，这是一个极好的了解下属的机会。

如果领导这样想，并这样做了，下属便会日渐平静。第二天，也许他会为自己说的过头的话或当时偏激的态度而找领导道歉。

(3) **善于容人**

尽力排除感情上的障碍，自然、真诚地帮助、关怀下属。

对下属不要流露出勉强的态度，这会令下属感到别扭。为下属做了好事不要让其表示感谢，免得下属不感激你不合情理，感激你又说不出口，这样便失掉了行动的意义。

不能在帮助的同时批评下属。如果对方自尊心极强，他会拒绝你的施舍，非但不能化解矛盾，还会闹得不欢而散。

得饶人处且饶人，很快忘掉不愉快，多想他人的好处，才能团结更多的下属。

(4) **战胜自负**

出于习惯和自尊，领导喜欢坚持自己的意见，执行自己的意志，指挥他人按自己的意愿行事，而讨厌自以为是的下属。

上下级出现意见分歧时，用强迫的方式，要求下属绝对服从，双方的关系便会紧张，出现冲突。战胜自负，可用如下心理调节术：

• 转移视线、转移话题、转移场合，力求让自己平静下来；

- 寻找多种解决问题的方法，分析利弊，令下属选择；
- 多方征求大家的意见，加以折中；
- 假设许多理由和借口，否定自己。

（5）发现下属的优势和潜力

作为领导，最忌把自己看成是最高明的，最神圣不可侵犯的，而下属则毛病众多，一无是处。对下属百般挑剔，看不到长处，是上下级关系紧张的重要原因。

研究下属心理，发现他的优势，尤其是挖掘他自己也没有意识到的潜能，肯定他的成绩与价值，便可消除许多矛盾。

（6）排除自己的嫉妒心理

人人都讨厌别人嫉妒自己，都知道嫉妒可怕，都想方设法要战胜对方的嫉妒。但惟有战胜自己的嫉妒才最艰巨、最痛苦。下属才能出众，气势压人，时常想出一套高明的主意，把领导置于无能之辈的位置。领导越排斥他，双方的矛盾就越尖锐，争斗可能导致两败俱伤。此时，**领导只有战胜自己的嫉妒心理任用下属、提拔下属，任其发挥才能，才会化解矛盾，并给他人留下举贤任能的美名。**

（7）理智地严厉回击

对于无理取闹的下属，必要时，必须予以严厉的回击，否则，不足以阻止其无休止的纠缠。和蔼不等于软弱，容忍不等于怯懦。优秀的领导精通人际制胜的策略，知道一个有力量的人在关键时刻应为自己维护自尊。唯有弱者才没有敌人。凡是必要的战斗，都不能回避。在强硬的领导者面前，许多矛盾冲突都会迎刃而解。伟人的动怒与普通人的区别在于伟人能理智地运用它。

2. 有效地调解管理人员之间的纠纷

对于企业内部管理人员之间的纠纷，公司企业领导者可视纠纷的情况，采取以下几种态度：

(1) 装聋作哑，一笑置之

公司管理人员之间的纠纷有很多都是意气之争，芝麻绿豆的小事有时也会争得面红耳赤。他们的员工自然是抱着看热闹的心情观战，也有的想在上级的相争之中坐收渔利。**当然，企业领导者不可也不必为此偏袒任何一方，大可装聋作哑，一笑置之。**

(2) 安抚纠纷双方，顾及双方利益

有时纠纷一开始，双方私下可能都认为这是一场无意义或不会有结果的争执。为避免双方将事态扩大，企业领导者宜立刻出面阻止或表明态度。出面阻止纠纷或表明态度，很可能造成双方或一方的不满，所以你要立刻私下加以安抚，免得任何一方认为他已失宠或失去信任，造成对你的怀疑或猜忌，使你失去一位得力的助手。

清朝末年，强敌压境，朝中发生了“海防”与“塞防”的争执。海防派以李鸿章为主，认为中国的外患，来自海洋，所以主张放弃边境。塞防派以左宗棠为主，他认为保新疆就是保蒙古，保蒙古可以卫京师。因此，主张必须确保新疆的安全。

纠纷一开始，朝中诸老包括军机大臣等认为海防是当务之急，远比鞭长莫及的新疆重要，因而海防派获得胜利，不过左宗棠亦获得朝廷的安抚，予以某些势力地盘，所以后几年仍然能勉力为朝廷效命。

(3) 调和争论双方，密切双方关系

除非纠纷的双方，都是有修养、识大体的君子，否则圆满和谐的结果很不容易达成。因为纠纷之起，大多为追逐名利而斗争，彼此的动机与目的大抵如出一辙，而且心照不宣。虽因经营者出面调和，纠纷双方暂时偃旗息鼓，可是双方的裂痕与尴尬却无法一下子完全消除，日后双方难免又会为一些“陈芝麻，烂谷子”的旧账，再起纠纷。所以，应努力调和争论双方，密切双方关系，避免他们再次发生纠纷。

(4) 调整双方职务，沟通纠纷

双方的纠纷，有时很可能出于本位主义的作祟，以致攻击对方所属的部门或掌握的职权，并且尽力维持自身的立场。本位主义的产生，一方面固然是人的本性，另一方面也可能是沟通不够。所以，如果可能的话，将对方的职务对调，也许纠纷的情形即可消弭于无形之中。**不过，这也要看工作的性质及双方的特点而定，不可盲目调整，以致场面愈搞愈糟。**

目前，有许多公司对管理人员采取职务轮换的方式，一则为消除双方的争执，一则也为培养公司主管人员。不过这种方式只对制度健全的公司才行之有效，否则也是困难重重。

总体而言，对于管理人员之间的纠纷，企业领导者切忌不明情况，就偏袒某一方，除非你已准备失去另一方的忠诚，否则最好不要介入。这样你才能保持客观和公正的立场。

3. 对员工冲突的冷处理

当下属之间出现矛盾时，处理这种矛盾是很显水平的。处理得好，化干戈为玉帛，共同进步；处理不当，矛盾终会导致“白热化”，至此程度，作为领导也就很棘手了。

当下属间出现摩擦时，领导者首先要保持镇静，不要因此风风火火，甚至火冒三丈，因为这样的情绪对矛盾双方无异于火上浇油。

不妨来个冷处理，不紧不慢之中，会给人以此事不在话下之感，人们会更相信你能公正处理，假如领导者自己先“一跳三尺”，处理起来显然不太合适，效果也不会很好。

双方因公事而产生矛盾时，“官司”打到领导者的跟前，这时不能同时向两人问话，因为此时双方的矛盾正处于顶峰，此时来谈，双方定会在领导者跟前又大吵一顿，让领导者也卷入这场“战争”，双方可能由于谁最先说一句话，而争论不休。

当不理智的情绪没有消除之前，任何争辩都不会有结果的，此时匆忙进行处理也委实难以证明谁是谁非。

不妨倒上两杯茶，请员工坐下喝完茶让他们先回去，冷静下来然后分别接见。

单独接见时，请他平心静气地把事情的始末讲述一遍，此时领导者最好不要插话，更不能妄加批评，要着重在淡化事情上下功夫。

事情往往是“公说公有理，婆说婆有理”，两个人所讲的当然会有出入，且都有道理，在一些细节问题上也不必去证明谁说得对。

但是非还是要由领导自己断定，当心中有数了，此时尽管黑白已明，也不要公开说谁是谁非，以免进一步影响两人的感情和形象。假如公开站在一方这边，显然这方觉得有了支持而气焰大涨，而另一方则会觉得领导者偏袒那一方。

不妨这么说："事情我已经清楚了，双方完全没有必要吵得这么凶，事情过去了就不要再提了，关键是你们要从大局出发，以后不计前嫌，精诚合作。"想必经过几天的冷静，双方都有所收敛，如此一说，双方有了台阶下，互相道个歉，也就一了百了了。

如果纯属私事，也应该慎重处理，切不可袖手旁观，因为两人私事上的矛盾会直接影响到工作，也要分别召见两人，但和处理公事不同。

对于他们之间的私事，也没有必要"明察秋毫"，评定谁是谁非。有许多私事是十分微妙的，看似简单，实则越处理事情越复杂，可能会扯进来很多旁人，事情越闹越大，定会影响公司的整体工作。作为企业领导者，对此不妨说："我不想知道你们之间的那些事，但基于工作我要求你们通力合作，不容许工作受私事影响，希望你们清楚这一点。"

4. 调解团队之间的矛盾冲突

公司中会有许多个工作团队，在企业正常经营过程中，公司内部各群体之间的竞争或合作必定会产生许许多多的矛盾，这很正常。但因此而导致一个团队和另一个团队之间产生抵触情绪，甚至有可能相互仇恨。这必定会影响员工的工作情绪，降低工作效率，使公司业绩大大滑坡。作为一名主管领导，不仅仅是公司部门内部的一名领袖，更是公司领导阶层内部不可缺少的一名成员，既有维护部门利益的权力，更有保证公司大局和整体效益的职责。所以，化解团体间的矛盾，是所有负责任的主管领导者应该为公司尽到的一份义务。

当发现大部分员工对某个工作团队产生了厌恶情绪的时候，领导者最好做一些调查工作。这其中包括证实这类厌恶情绪的存在，并且在员工中有一定的普及面，而且这种情绪可证实是针对某个团队，而非个人。主管最好还应该弄清楚，这种情绪产生的时间，以及产生这类情绪的直接导火索和以往所有可能牵涉进来的一系列事件。当掌握了第一手的资料之后，不妨找其他同事——另一个团队的主管交换看法，谈一谈这个问题。

可能的话，看看另一个团队是否也对此团队怀恨在心，这就要有劳另一个团队的主管了。所以在这类事件上领导者之间的态度就显得十分重要。需要说明的是，如果任何一人仍抱着狭隘的“局部主义”观念，完完全全从自己部门利益出发考虑整个事件，那么矛盾绝对不会有解决的一天。在这个时候你们应该各自确立起自己的解决问题的态度，矛盾已然产生，“化干戈为玉帛”才是上上之选。所以，在谈话中，两位主管应先达成一致，甚至可以保持意见上的异议而实现态度上的一致。只有这样，双方的员工才不会进一步地激化矛盾，因为二位“首领”都已发出了缓和、忍让、谈判的友好信号，让员工们意识到解决矛盾的重要性。

准备工作一旦就绪，不妨由部门领导者挑头开一个大会。邀请双方的各级代表参加，开诚布公地谈一谈问题。这肯定不会是一件开心的事，如果公司里有专门处理这一类事情的当事机构，那么请他们出面是理所当然的。而且这种选择也是再好不过的。如果没有这类机构，那么由你们共同推举一两名仲裁者，由他们坐在两队员工中间，了解情况。**会议上争执是不可避免的，但只要言语不要过于激烈，让双方代表互相诉说一下内心所想也未尝不可**。但总有适可而止的时候，如果他们一时仍克制不住怒火，那么可以用一些主持的技巧，把与会者的注意力转移到事情、矛盾的本身上来，而不是不停地泄愤。可以用提问的方式将话题吸引过来，如：“既然你们对我们的做法这么不满，那么可不可以请你们详细地谈一下你们所见到的实际情况?”或者是“他们说的对吗，你们当时真的是这样吗?”这样的引导，至少有助于双方代表对于事情的经过给予更多的重视。

最后，促成双方代表对问题达成一致的看法——这就要看主管人之间以及中立的协调人的态度了。目标应该是让两个愿意合作的团体一起走出会议室。双方可能会达成完全的和解，彼此产生好感，如果这些目标都很遗憾的未能达到，那么至少在这几十分钟的谈判中，双方会对事件的真实情况做进一步的了解，也许在知道了一些事先不被了解的背景之后，双方会对矛盾的直接导火索有一个更深刻全面的认识。然后，打开以前拿到的“第一手材料”把几个核心的问题挑出来，在双方代表面前宣读，并且分别让他们阐述各自不同的看法，并从中进行有针对性的调解，可以说“我们的意思从根本上来说是一样的”或“你的这一部分观点我完全同意”之类的话。“求同存异”将双方的话题逐渐拉拢，并且将矛盾的焦点愈加细致化、具体化。这样更有利于矛盾的解决。将已经达成一致的问题从材料上删去，对仍无法达成一致的问题允许双方保留意见，以备日后商榷。

总之，团队中人际关系的矛盾是一种经常性的现象，只要善于掌握解决的方法，就能化解矛盾，并能使矛盾冲突止于无形，从而达到新的团结。

5. 调解员工纠纷要讲究艺术

作为企业领导者，对于员工的纠纷要做到及时、有效地调解，化解矛盾冲突，融洽人际关系，必须讲究方法艺术。

（1）态度真诚，公正处理

调解纠纷时应注意，和事佬态度、欺软怕硬的方法都不利于问题的解决，应当以真诚、负责的态度来公正处理。这样不仅能有效地帮助别人解决纠纷，亦会增加别人对你的信任和尊重。

（2）弄清情况有的放矢

调解员工纠纷应先弄清事情的基本情况，做到胸中有数。

①弄清纠纷当事人。有时甲、乙之间的纠纷只是表面现象，而丙、丁之间的纠纷才是实质，或是主要问题。**主次关系或多重关系都需要理清，调解时才能“对症下药”**。对纠纷各方当事人的思想状况及在矛盾中所处的地位要基本掌握，从而可以根据不同的当事人，确定不同的调解办法。

②弄清冲突的焦点。不弄清冲突的焦点是什么，争执的对象是什么，只根据表面现象或一时的表现急于着手调解是不妥当的。

③弄清产生冲突的背景。有时纠纷是由于误会而产生，有的纠纷起因是一些不实之言。因此，弄清真正的原因，纠纷也就容易平息了。

（3）认真听取当事人陈述

在调解纠纷的过程中，要认真听取当事人的陈述。要明白纠纷双方都可能感情用事，因而在耐心倾听的过程中要思考一些问题：他的陈述有没有夸大不利于对方的成分，掩盖或缩小与己不利的地方？我是否保持了冷静，不受当事人情绪的影响？他的陈述有没有前后不一致的地方？

适当的时候，你可以向当事人提出有关问题，以便搞清事实。必要时，也可侧面向知情者了解情况。

（4）冷处理，让双方冷静下来

调解要先经过一个“冷处理”阶段，即让纠纷双方冷静下来。当事人正在气头上，让当事人暂时分开，或让其中一方先回避，整个过程中，你要有足够的耐心。

（5）借助外力

必要时可以借助其他方面的力量。有的纠纷双方互不相让，矛盾尖锐，可考虑通过其他有威信的人，如父母、前辈来协助调解，使冲突缓和下来，直到最后解决。

（6）劝解的几种方法

对员工进行劝解，通常可采用以下几种办法：

①当面劝解。有的纠纷已争执清楚，当事人也有解决问题的思想基础，客观条件具备。**这时，可以把双方当事人叫到一起，彼此把问题说清楚，致歉，握手言和。**

②引导劝解。对于火气大，缺乏解决问题的思想基础的人，应耐心引导他站在对方立场上考虑一下问题，同时看到自己的不足之处，然后再来解决纠纷。

③迂回劝解。有时当事人背后还有支持者，可先做支持者的工作，通过支持者迂回地做当事人的工作。

总体而言，作为企业领导者，必须是公平处事者。面对员工纠纷，要出于公心地调解纠纷，扶助弱小，一视同仁，才能得到部下认同，赢得下属拥戴，从而共赴患难，同舟共济。

第十一章
防范跳槽：掌握留人的管理艺术

企业在成长过程中一定要把人才放在第一位，不仅要招来人才，还要留住人才，发挥其才能，使企业的各项管理工作上档次，上台阶。但在现实中，企业经常面对的一个问题就是：有些员工要跳槽。而在这些跳槽者当中，可能有一部分人是企业所必需的，甚至是经多年辛苦培养出来的人才，或是企业领导者非常器重的优秀人才。这时，如何留住人才，避免其跳槽，则是企业管理者面临的又一严峻考验。

优秀的企业经营者和管理者一定要掌握留住人才的管理之道。

一、留住人才，企业才能兴旺发达

对于一个成功的企业来说，人才能使其长盛不衰；而对于一个创业中的企业来说，人才能使之不断壮大，走向成功。因此，企业若想提高管理效率，增加经济效益和社会效益，就必须选准人，用好人。一般而言，哪个企业的人才数量多、质量高，而且安排得当，使用合理，这个企业的事业就会蒸蒸日上、兴旺发达。

1. 优秀员工的流失是企业的重大损失

优秀的员工是企业的骨干，是企业的中坚力量。那么，培养企业的优秀人才，留住企业的优秀人才无疑是企业稳步发展的关键。

企业的发展或者公司的兴旺都与固定的员工工作有关，一旦员工跳槽，势必会影响企业或公司的发展，员工的跳槽直接影响到企业的经营发展，并带来以下严重后果。

（1）造成成本损失

人们对员工流失影响的研究大多集中在由于流失所影响的货币成本分析上。尽管在发达国家，研究者多年来一直在强调重视测量企业员工流失的成本，但是可惜的是这并没有引起企业家的足够注意。实际上，即使是在许多发达国家，企业家中真正了解流失一个员工的成本的人也是凤毛麟角。

不论流出者与流入者之间存在着怎样的质的差异性，对于企业来说，更替员工是要花费成本的。前人对这方面进行了一些量化研究，美国学者古斯塔福逊估计，美国贝尔公司每年每更替一人花费的成本损失将大于1000 美元。而莫布雷和霍尔的研究发现，在化纤行业中，仅更替的新员工的入门培训费用和更替成本就高达 985 美元（损失的训练费用加上更替成本）。墨伟斯和罗勒的研究估计，银行职员每更替一个出纳员的成本超过2500 美元。可惜的是，我国现在还很缺乏这样的研究和估计。

首先，我们来考察员工流失后，企业由于需要更替新员工而花费的成本损失。著名的人力资源会计研究者弗莱姆霍尔茨（Flamholtz）推出了一系列粗略测算员工更替成本的模型。他的模型包括了初始成本和更替成本两个部分。由于员工流失需要新员工来替补的成本损失包括：流出者的流失成本以及获得和寻找新的替代者的成本两部分。寻找和招收新员工的成本损失包括：征聘广告费用，外出招聘费用，代办招募费用，新员工入门培训费用以及由寻找和获得替代者所花费的管理成本。**选择新员工的成本包括：面试，复查，考试，评估决策以及与之相关的管理成本。**解雇或员工主动流失成本包括：物质损失成本，搬迁费用及有关的管理费用。教育培训成本包括：入门培训成本，正规教育费用，在职培训费用，受培训者的时间损失成本以及为训练新员工而使他人损失的生产效率成本。员工流失还包括一些其他成本：由于流出员工中断与外部联系而损失的成本，由于流出者职位暂时空缺而造成的成本损失以及流出前损失的效率成本。

即使是在发达国家，也只有很少的企业建立了人力资源方面的投资的会计体系，但是却有不少企业开始重视企业人力资源更替的成本。这种努力是值得肯定的，但要全面地估计这一成本，没有完善的人力资源会计系统是不可能的。现在我国已经开始有个别企业重视起人力资源会计来了，这无疑是件好事。

（2）对工作绩效的干扰

员工流失及更替员工还会给企业带来间接的成本损失。由于企业员工流失而带来的对工作绩效的干扰就是一个重要的间接成本。这包括两个方面的成本，一是员工在流失之前，由于已经心不在焉而造成的效率损失；一是由于该职位在被新员工填补之前的空缺成本。如果由于流失者具有特殊的技能或流出者在原来的岗位上占有重要地位，其流失后造成的成本损失比因其流失而产生的职位空缺造成的成本损失更为重大。而且这种成本损失的影响常常会延续到接替其职位的新员工能充分胜任其工作为止。通常在员工流失后，其他员工不得不来帮助完成辞职者的工作而导致自身的工作不堪重负。再者，由于流出者和流入者人力资本具有一定的差异性，流失高质量的人才或流失具有很大潜力的员工对企业造成的损失将是长期的。**在这种情况下，很容易导致企业对人力资本的投资受到限制，甚至打**

击企业的人力资本投资积极性。这明显不利于企业的长远发展，也不利于社会的人力资源开发。

2. 实施人本管理有利于防止员工跳槽

发达国家经过长期的发展，在理论上已经确立了以人为本的人本主义的管理思想的地位。把人当成人，已经成为响亮的口号。这一管理思想和管理哲学的出现，使企业人力资源管理模式发生了根本的改变。尊重员工、强调员工的主体性、关心员工的自我实现也在实践上得到了一些反映。这为员工流失的管理和控制提供了最有效的思想武器。

当代管理献给人类最大的礼物恐怕就是找回了“人”原本应该有的位置。在马克思的论述中，工业化使人变成了机器。西方管理理论上百年的探索，使人逐渐从“经济人”的假设演变到“社会人”的假设。**管理理论的发展实践证明，要实现管理硬件的更新是很容易的，但是作为管理软件的管理者的观念是最难更新的。**从社会人的假设再到人本主义的发展又经历了几十年的努力。在我们前面对员工流失原因的讨论中，可以发现对员工的不尊重是最根本的原因。把员工当成“物”来管理，必然忽略人的需求、愿望，也就必然不能满足员工各方面的需求，而企业的竞争是管理的竞争，当员工发现有更好的能够实现自己抱负和愿望的另外的选择机会时，就会义无反顾地离开不能满足他发展需要的企业。

人，是工作的主体，企业的决策依赖于人，企业方针政策的执行依赖于人，决策及其执行质量的高低取决于人。因此，企业必须树立“以人为中心”的管理思想。企业领导必须有科学的人才观。今天领导的作用不仅体现在他个人的德、识、才、学比别人强多少，而主要体现在他是否具有识才的慧眼、选才的勇气、容才的胸怀和用才的艺术。在企业的生产经营中，注重发挥每个职工的作用，让全体职工都来关心企业，参与企业的管理决策，从而保证决策在集思广益的基础上进行，这样的决策不仅质量高，而且贯彻比较顺利。这样，员工也才能得到比较高的工作满足度。

为了留住优秀员工，许多管理者更多的是从给予更高的报酬的角度来思考问题。这不是没有道理的，但是这种思想方法是有问题的。**如果没有关心员工的心，光有高薪也是很难留住人才的。**现在许多企业薪酬福利相当高，但是员工流失率却仍然比较高，主要原因就是对员工的过度使用，不了解员工作为一个人，也有他自己的家庭和业余生活。应该认识到员工在你的企业得了胃溃疡，甚至因劳累而死亡，绝不是企业的光荣。高的报酬是防止员工流失的必要条件，但还不是充分条件。我们认为，最主要的控制员工流失的手段就是树立人本主义的思想。有了这样的指导思想，是不会找不到良策的。

现在许多管理者为了占领市场而提出所谓的“顾客第一”的口号。我们认为，企业真正应该放在第一位的是员工。员工是直接生产产品、提供服务的人，如果他们不是第一位的，他们也不可能生产出最好的产品和提供最佳的服务。人们常常发现现在的管理者真正关心的既不是顾客，也不是员工，而仍然是利润（Profit）和亏损（Loss）。什么时候当管理者的最高目标不再是这个“P”和“L”，而变成另一个“P”和“L”，即“People”和“Love”时，员工流失就不会成为问题了。

熟悉圣经的人都熟悉下面这段话：“你们愿意别人怎样待你们，你们也应该怎样待别人”，这应该成为人力资源管理的黄金原则。只要有这样的管理原则，在发生员工流失的时候，企业管理者也就不必责备员工，而应该从自己的管理方法、管理观念方面去寻找差距。

只有树立了这种思想的企业和管理者才会真正把员工的流失当回事。我们看到许多在经营上如日中天的企业，根本不把员工流失当回事。在这些企业，经营者对损失机器设备或者损失了市场份额会远远比损失了员工痛心。他们认为劳动力市场发达得很，根本不用发愁招不到人。在自己的产品受社会重视的时候，这样的想法也不是没有道理，但是应该想得更远一些。**市场是可以得来的，也是可以失去的，而且失去市场正是从失去优秀的员工开始的。**大凡重视员工的企业都会把员工的流失，尤其是频繁的流失当成是一件很痛心的事情。花费高薪吸引来的人才，如果不能留住他们是很无能的表现。招聘进来一个人才可以说是相对容易得多的事情，而要把人才留住则是完全不同的事情，所花费的努力要大得多。管理者只有意识到这一点，才会产生控制员工流失的想法。

3. 尽可能地录用效忠企业的企业员工

企业人力资源的形成是由招聘、筛选、录用以及员工的早期社会化过程所组成的。招聘是在正确的时间为正确的职位寻找正确的人选的过程。筛选是从招聘所募集来的应聘者中选择合格者的过程。录用是最终决定雇佣合格的应聘者并分配给他们职位的过程。一般说来，到此，企业的人力资源形成工作还没有完成。对员工所进行的早期社会化工作是必不可少的。企业人力资源形成的这些环节为人力资源管理者提供了重要的、有效的控制员工流失的机会。**员工进入企业的过程是一个个人与企业“匹配”的过程**。这种匹配是建立在下列因素的基础上的：个人应该具备与职位的要求相符的态度和能力；个人对企业规范、各种政策、实践、奖励和条件在偏好、预期和价值判断上能够接受。我们还应该看到，这个匹配过程还是一个动态的过程，因为无论是员工还是企业都在发生不断的变化。

传统上对这一匹配过程的研究，主要建立在企业对员工个人与企业和职位有关的要求的适应性上。因此，企业普遍采用标准化的测验、面谈、申请表、自传、笔迹分析等手段。现在不少企业还采用了评价中心、心理测评、计算机测评等现代手段。这些手段只要是经过了信度和效度的检验，都是很有用的筛选方法。这些筛选员工的方法也可以用来预测员工流失，尽管单个的测验在预测员工流失的准确性上并不理想，但是这些方法结合在一起使用，对控制员工流失是很有意义的。这就更要求企业要重视测验的信度和效度。

从员工的角度看，许多人常常对企业有不切实际的预期，而这种不切实际的预期，又常常是由于招聘者在招聘工作过程中的失误而带给员工的。因此，从理论和实践两方面来看，真实的招聘和筛选对于提高这一匹配的程度都很有好处。

真实职位预观是出现在 20 世纪 80 年代的一种新的招聘思想，但是这一思想真正为企业所广泛接受是 90 年代以后。在过去的招聘实践中，经常出现招聘者为了尽快把自己的“商品”（企业的空缺职位）推销出去，向应聘者进行不真实的宣传或提出企业无法实现的承诺的情形。员工在进入了企业之后很快就会发现自己“购买”的“商品”名不副实，结果不仅影响员工的工作绩效，降低员工对企业的效忠度，还可能导致员工流失。

真实职位预观是企业增强招聘的真实性、降低员工流失率的有效手段。真实职位预观并不是一种简单的技术和方法，它实际上是一种招聘的整体哲学和方法。这种招聘哲学认为，只有给员工以真实的、准确的、完整的有关职位的信息，才能产生一个好的匹配结果，增加员工的满足感并使员工对企业更效忠，从而会产生比较低的员工流失率。这些真实的信息可以通过小册子、电影、录像带、录音带、面谈、上司和其他员工的介绍等多种方式来提供。通过真实职位预观，员工已经事先了解了企业和职位的不足，就像给员工注射了“预防针”一样，当员工进入企业之后，发现了企业的消极的方面时，也不会有太大的不良反应，因为他已经降低了自己的预期。其次，真实职位预观能够让员工自己进行自我筛选，如果他或她在了解了企业的真实情况后，认为不满意，可以在选择加盟企业之前，自行退出招聘过程。这比等到进入企业后，发现了不真实的情况后再流失，或者产生不满足感而降低工作绩效，无论对企业还是对个人都好得多。第三，真实职位预观向员工提供了职位的真实信息，员工对职位的了解大大提高了。第四，员工还可能通过真实职位预观感觉到企业的真诚，而增加对企业的忠诚。

真实职位预观也可以在员工进入企业之后进行，这时它可以成为一种重要的增加职位透明度和训练员工的应对技巧的机制。

刚刚进入企业的那一段时间，是塑造员工态度和行为的关键时期。新的员工应该了解他将要工作的职位的准确要求是什么；清楚地了解企业的奖励原则；在建立社会系统的时候，如何从同事、上司那儿获得帮助。早期的社会化过程，一般也要几个月才能完成。

这与我们所熟悉的仅仅花费几个小时进行的适应性培训是不可同日而语的。几个小时的培训绝对不可能实现员工的早期社会化。我国的许多企业所进行的适应培训（或导向培训），常常是由一个中层领导带领新员工在企业的各个地方走一圈就结束了。对于员工进入一个全新的环境，应该了解什么，有什么问题，尤其是心理上需要什么帮助和支持，没有认真地对待。员工常常产生一种被撂在一边的感觉，这不仅不利于员工适应新环境，还会在员工心理上留下阴影，使他或她感觉到这个企业是不重视人的。相反，一个设计得很周到、很细致的适应培训计划，会使员工一进入企业就有回家的感觉，这自然就增加了他对企业的依恋。

许多企业在正式雇佣员工之前有一个试用期。这实际上是一个很好的做法。但是许多企业却没有真正有效地利用好试用期。**要有效地利用试用期，需要在雇主和新员工之间建立一个相互评价和反馈的机制**。通过双方的磨合，就可能形成一个持续的良好的雇佣关系。如果在试用期，无论是企业还是员工个人发现有不融洽的地方，都可以通过培训、开发、转移岗位甚至终止雇佣合同的方式来调整，建立新的关系。一般说来，如果在招聘阶段就能够解决雇主和员工的吻合问题，那是最好不过的。但是无论是设计得多好的招聘过程，都不可能完全实现这一点（当然，越仔细的招聘工作越有利于实现这样的吻合），如果吻合的结果不理想，与一些员工终止合同是不可避免的，而且对于企业和员工个人来说，也是有益的。

在新员工中流失率是相当高的。由于招聘、培训和更替成本很高，这种刚招进来不久就发生的流失对企业来说是很大的损失。由于员工常常是带着一种失败的感觉，或者认为浪费了时间，或者觉得丧失了其他的机会，对于员工来说这种刚刚进来就离开，也是一种损失。

考虑到企业和员工都会发生变化，考虑到企业对于与员工吻合的能力的局限，考虑到早期的员工流失的负效益更大，**可以说，招聘、筛选和早期社会化是有效地控制员工流失的最好方案**。不过，令人感到遗憾的是，许多企业都没有对这一能够有效控制员工流失的环节予以足够的重视。

企业应该在招聘上进行更多的投资，这不仅可以直接降低员工流失率，还可以带来其他的人力资源管理效果。但是实际情形是，我国的许多企业在招聘和筛选上做得很草率。往往是凭应聘者自己提供的背景材料（其真实性越来越成问题），再配合简短的面谈印象就决定录用与否。招聘和筛选的好坏对企业人力资源管理质量的影响极为重要。员工的高流失率就是由于招聘和筛选的错误所造成的。一般说来，招聘所花费的时间和投入与员工和职位之间吻合度呈正比。

这里我们仅举两家公司的例子。一是美国的微软公司，一是日本的丰田公司。

美国的微软公司每年都要进行大量的人力资源招聘和配置工作。微软公司的人力资源部门为了成功招聘2000名新员工，需要审阅12万份个人简历、举行7400次面试、访问130所大学。

日本的丰田公司花费在面谈和评估中心方面的时间前后加起来达20个

小时以上（在几天内分别进行，大多数采取评价中心的方式）。通过多种形式的面谈，丰田能够更深入地了解它准备雇佣的人。从表面上看，丰田似乎花费了太多时间和精力在面谈上，但是只要想一想企业雇佣的人要在企业里呆很长时间，花费20个小时来充分认识未来的员工是很值得的。由于在面谈上要求很严格，标准也很明确，被淘汰的应聘者相当多，这样筛选出来的人才能真正符合丰田公司的需求。

科学合理地安排工作和工作内容，对稳定员工有很重要的作用。用人要注意发挥两个优势，一是个人优势，一是集体优势。企业的各级主管要了解下属的专业特长，让其做善于做的事，并对其工作能力做到心中有谱，以便给其分配合适的工作量，使其能力得到充分发挥。**对工作成就感比较强的职工，要善于压担子，给其提供锻炼与发展的机会，以挖掘其潜力，创造更大的成绩**。对于这类员工，领导者越是信任，越是压担子，他们的工作热情就越高，工作成就也将越大。这样他们也就越不可能离开企业。

4. 让员工在尊重的环境中工作

歧视和压迫是许多员工跳槽和磨洋工的原因。一项调查表明，当员工觉得没有人能够体谅到他的个人要求时，尤其企业领导者常常不顾及员工的自尊，为此，78%的人都会自动放弃或者是产生过激行为。

一位员工这样描述自己的感觉：“我觉得自己好像是战斗在最前线的士兵，一排排地站出来，阵亡了再由后一排士兵接替。我又好像是机器的零件，不停地工作，没法控制自己的工作时间。我讨厌现在所做的工作，共事的人也很可憎。天啊，谁能了解我的心声，我现在还在办公室加班（星期四晚上十一点），我快受不了啦，这简直和地狱没什么两样，我和一批从八十年代工作至今的人们共事，而我们受到的却是非人待遇。有一个女孩子在这里工作了很久，她像是被钉在十字架上一般，活脱是个受难者。”

一个新求职者这样说：“我原来的企业领导者对我说的第一句话是‘在头两年你别想离开这家公司，因为这样一来我就在你们身上赔钱了’。

他说前两年公司对我们做的是赔本生意，我们必须待上两年以上才能换工作，这样才能赚回来。这让我对他大为反感。当时共用午餐的还有两个人，他们后来也和我提到这一点。当有人来挖墙脚时，我们义无反顾地离职了。”

另一位员工说：“我想离开这家公司时，曾和企业领导者讨论，他居然说：‘我现在需要你完成这项计划，如果你离职，我会尽一切力量去破坏你的事业。’从此以后，我的态度是，我会把这项计划做到一个段落，做好分内的工作，但我不会再额外付出。当工作告一段落之后，我就辞职了。他这样对待我，使我对他毫无忠诚可言。计划执行到某个阶段，我再也不愿在此久留，更不想额外付出热忱。”

由于下岗员工日益增多，许多企业经营者说：“我告诉你一件事，你可以好好想一想。你是聪明人，不过这里每个人都很聪明。外面也还有许多聪明能干的人，他们应该都会乐意在这里工作的。你最好把这一点牢记在心。”他的意思就是，你并不重要，随时有人等着来接替你的位置。**对聪明而有创意及能力的人来说，你不可能在奉行这种管理哲学的公司工作愉快的，你只有离开。**

5. 尽力提高员工对公司的满意度

在任何一个企业里，员工对公司的满意度都是一个重要问题。员工满意度不高的公司跳槽现象也很频繁。

实践证明，员工满意度的审核标准要求先全面研究影响员工满意度的各方面因素，然后在此基础上提出和采取改善员工满意度的切实措施。影响员工满意度的因素很多，其中，工作意义、工资水平、人事评价制度、工作环境、福利待遇是影响员工满意度的基本因素。此外，晋升机会、价值观的共有化、自我发展、与企业领导者的沟通、公平性、信息使用自由等项目也是应该考虑的影响。

这里要特别强调员工与企业领导者的交流沟通问题。据观察，员工与企业领导者交流沟通很差的公司，其员工对整个组织、工资、评价制度的满意度必然很低。调查表明，即使 A 事业部的工资比 B 事业部的高，如果

A 部员工与企业领导者的关系很差，A 部员工对公司的满意度也会比 B 部低。影响员工满意度的因素还因员工的工作动机而不同，可谓千差万别。

对于员工的具体满意度，公司务必及时探究与把握。**重要的是，要开展实实在在的调查研究，千万不能搞想当然那一套。**在进行员工满意度调查时，一般需要设立众多调查项目，比如，对公司和企业领导者的意见、对工资福利待遇的看法、对企业领导者管理能力的评价等等。另外，调查还应是无记名的自由调查，以便员工的评价，希望乃至抱怨都可以得到充分的表达和真实的反馈。

在完成调查之后，公司应该落实进一步研究的课题以及当前应做的工作。对于自由调查的结果，企业领导者及高层主管们要一一过目，力求掌握全面情况。

这种调查活动应长期坚持下去。从美国的情况看，凡是重视人才教育投资，员工满意度高的公司，员工的流动率就低，顾客的满意度就高，而公司的分红也会相对较多。

企业经营者对员工的关心与员工对顾客的关心这两件事有着非常密切的关系，一般来说，企业经营者对员工的关心必然会传递到员工对顾客的关心之中去。由此看来，**好的企业经营者不仅要关心员工满意度，而且要关心员工的成长和幸福。**

人才是公司的最宝贵的资源，尤其是那些由公司一手训练出来的管理人才和技术骨干，要千方百计使其对公司满意，无后顾之忧，绝不应让真正的人才从公司轻易地溜走。

6. 满足员工的内心期望

为了挽留人才，企业领导要认真分析人才“跳槽”的原因，采取一些恰当的措施，使员工回心转意。防患于未然，提前采取有效措施一定会产生令人满意的效果。

领导者要想留住员工，就必须努力满足下属内心的期望。

很久以前，有一部以东京动物园黑猩猩为主角的电影。

黑猩猩中的老大欲以自己独特的方法，展现统率伙伴的手腕，但却未能奏效；直到后来它体会到群体之中的一些生活细节，才是突破僵局的关键。

- 早上见面一定要打招呼；
- 表示友好的身体接触；
- 尊重先来先得到的顺序（先拿到食物者有先享用的权利）；
- 依情况进行分配；
- 如有争斗由老大裁决；
- 遇有外敌老大率先出战；
- 休息时弱者优先；
- 老大必须善待弱者。

这些关键都是维系黑猩猩社会和平、安全、繁荣的必要条件，为老大者必须要优先明白这个道理，率先遵守，并让伙伴们遵守——这就是老大的任务。也就是说老大是以最配合伙伴期望的方式来掌握伙伴。由此可知，身为老大或领导者，最重要的任务是满足下属的期望。

如果领导者自己都不遵守这些原则，下属就会跟着不遵守。而领导者一旦不能满足大家的期望，很快就会被拉下马来。

7. 防止人才外流的积极对策

企业的竞争最后还是落实到人才的竞争，因为企业的每一项决策，最后还要靠企业职工去完成，企业要发展必须拥有一批具有较高素质的人才。企业要想在竞争中立于不败之地，必须合理地挖掘人才，培养人才，使用人才，留住人才。为此，要采取以下策略防止人才外流：

①与员工一起制定目标。人们习惯于为自己曾经参与制定的目标而作出自己的努力，换句话讲，使员工感受到自己是企业的主人。

②合理正确地评价员工、管理人员。要真正了解每个员工的工作能力和潜在发展，对他们为企业和同事们做出的每项成绩都要予以高度评价。

③组成一个团结和谐的整体。要鼓励广大员工精诚团结，通力合作，保持良好的工作关系。

④对员工一视同仁。员工一旦知道自己被歧视，他们一定要求调到公平竞争的工作环境中去。

⑤信任是一种双向关系。**如果你希望员工信任你，你就得首先信任他们**。当他们需要帮助时，你应该伸出援助之手，他们不慎出错时应主动关心他们，帮助他们，理解他们，设身处地地替他们想一想，而绝不是摆出一副盛气凌人的架势。

⑥使员工工作顺心愉快。心情舒畅的员工往往工作热情高，效率高。因此，应为员工创造一个使他们能从中享受到工作乐趣的环境。

⑦当机立断，让不称职的员工离去。主管对一些工作做不好的人应痛下决心辞去，不应采取迁就、容忍的态度，否则会挫伤一部分人的积极性，他们也许会变得像这些人一样不称职，久而久之，工作就没法开展了。

⑧把公司的有关政策规定事先向员工挑明。应该让员工了解公司的规定，并知道如何不折不扣地执行，丑话说在前面比先“斩”后“奏”要强得多。

⑨为晋升提供机会和条件。如果员工在你的企业内一直无晋升的机会，他们自然会“择木而栖”。

⑩让员工了解各种工作信息。公司要明文规定，让员工得到他们该知道的信息，这样做有利于他们把工作做好。同时也可以充分发挥他们信息广、来源渠道多等特点，及时为公司提供和反馈各种信息。

⑪及时处理员工提出的意见。当你的员工对工作的某些方面向你提出意见时，你应该虚心并十分感兴趣地听取，并对这种行为给予鼓励。现在许多的合资企业、大中型国有企业都对合理意见的提出者给予物质上的奖励，原因和目的都只有一个，那就是使员工为企业出谋划策，关心企业的兴衰、荣辱。

⑫允许和容纳不同的观念和道德准则。每个员工在工作中都有自己的想法，对某一事物有自己的看法。**一个组织内如果因不同观点发生矛盾时，应妥善处理，使心中的不快消弭于冲突之前。**

⑬尊重职业妇女。应奉劝主管对有真才实学的职业妇女予以重视，男女同工同酬，一视同仁。

⑭根据员工的能力、特长、体力适当分配工作。每个员工的知识水平、技术水平、工作能力各有不同，如何充分利用他们的长处，对工作进

行合理的安排，是领导者要经常考虑的问题。

⑮根据员工的业务水平和工作业绩给予报酬。一个工人技术越高，得到的报酬也应该越多；员工做出的贡献越大，越应受到鼓励。

二、留住优秀员工需要采取有效措施

1. 支付员工应得的报酬

为了获得最好的结果，企业必须拥有最好的员工，而要稳住最好的员工就必须给他支付最好的报酬。有句俗话：梧桐树引来金凤凰。如果只给出坚果，招来的只是猴子。

许多公司企业领导者看不到这种关系，而只想到如何最大限度地减少成本以保证利润最大化。**员工也是成本的一部分，因此他们的逻辑就是保证支出的工资维持在最低水平。**

然而经营的普通常识是，在企业经营中，员工就是最大的资产。每一个企业领导者必须对员工进行投资以保证长期利润，公司的人员财产必须维持并发展，以保证和增加其价值。

在工作之中，员工必须感受到自己的价值得到了他人的承认，不管企业领导者使用多么美妙的言辞表示感谢，不管企业领导者提供多么良好的训练，他们最终期望的是得到自己应得的报酬，以让自己的价值得到体现。员工们会按照市场情况和一些合适的对象进行比较，他们将以自己的收入来判断对工作的满意程度。不管一个人多么高尚，他可能会因谋求个人发展而牺牲收入，但他们不可能长期如此，因为他们要生存。

重要的一点是，不要让员工将宝贵的精力和智慧用于计较个人报酬上，让员工能集中精力实现最好的结果。最好的公司企业领导者总是在员工要求增加工资时早已为他们做好考虑，他们积极主动调查市场，保证自己员工的报酬比其他公司要高。

一旦员工开始为工资而抱怨，企业的最好的员工将会离开，以寻求更合适的工资。对这一问题，你应高度注意，即使你付的工资很高，还是有人不能满意。解决这一问题的办法就是将个人业绩与报酬挂钩。你应当让员工清楚，真正努力的员工将会得到最好的报酬，但他们不会无缘无故得到任何一笔报酬。付给员工的工资也必须考虑市场因素。真正的竞争是获取一种稀缺的、宝贵的财富以产生最好的结果。**真正的竞争必须拥有最好的员工队伍，并且根据其贡献程度给予最合理的报酬**。因此，应将报酬与个人业绩联系起来。要尽量使报酬给付的形式简单化。你将事情弄得越复杂，越容易导致更多的争议和不满。理想的报酬形式是让员工拥有公司的股份，这样可以让他们完全将个人利益与努力结合起来。

2. 让员工在工作中学到实用本领

每位员工都希望自己能在工作中学到实用的本领，鉴于这点，公司企业领导者应当对此有深切的认识，那是非常重要的。**因为领导能力有限，很难全盘掌握业务，如果员工突然辞职，公司的营运必然会遇上重大困难。**

公司是由一群人组成的团队，而不是一个人，企业领导者具有工作热忱，对工作有深厚的兴趣，亦应叫自己的员工对工作也发生兴趣，公司的效率方可以提高。一些员工对业务不感兴趣，纯粹是由于他们并没清楚了解公司的业务运作。现在管理学很重视入职培训，进入新机构工作，初入职的三四天，并不需要立即参与工作，公司会有专人向他们介绍公司的业务运作，整体地了解公司的架构。

即使是小公司，员工虽不多，但如果希望他们对工作产生热忱，就应让他们了解公司的整体运作。如何找货品供应商、如何选择货品、如何付款、如何设计店铺、如何处理生意上的各种问题，教员工了解这方面的知识，使他们觉得自己正投入一门生意中。不单是每月赚一份工资，更是学习做一门小生意，或是文具生意，或是书籍生意，或是饰物生意，教他们知道，将来就是不再在这个公司工作，亦容易在同类店铺中找到工作，甚至自己也可以学习经营这些生意。

在小公司工作，前景一般不及大公司，尤其是地区性的零售事业，员工们可能什么前景也看不到，只想赚月薪，安安稳稳；或刚好公司就在家居楼下，上班甚方便，午餐可以回家吃。这些人在你的公司里，多半只是权宜之计，他们并不忠诚，可能也不想呆太久，那么应该如何挽留员工？

除了在薪酬方面尽量满足他们，亦应该使他们知道这里“可以学做生意，虽非一技之长，亦是一门谋生之道。”这样，员工的工作效率亦可以提高。

员工如果在团队中学不到真实本领，只是为了眼前利益集合在一起，那么一旦暂时利益得到满足，或发现暂时利益无法得到满足，便会四散而去，很难凝成一个战无不胜的团队。

3. 帮助员工设计职业发展方向

随着世界经济的迅速发展，企业自己的技术、市场和向社会提供的产品和服务会发生持续的巨大的变化。为了适应企业的这种变化，企业员工要不断地学习新的技能。个人职业生涯发展计划就是企业协助员工开发其各种知识和技能，尤其是专业性知识和技能，向员工提供实现个人专长的契机。通过个人职业生涯发展计划，使每位员工对自己目前所拥有的技能、兴趣及价值观进行评估，接着考虑公司的变化需求，使自己的特长及发展方向符合公司变化的需求。每位员工需要设立自己的目标并与自己的主管或经理研讨一套切实可行的计划方案，培养自己多方面的技能，把自己变成公司未来发展的一员。**通过持续不断的个人发展计划，帮助每一位员工适应公司多方面的工作和未来发展的需要**。欧美企业都非常注重员工个人发展计划，以实现员工与企业的互动。

职业发展阶梯是指员工进入企业后，根据员工个人的条件和背景，由员工和企业人力资源部共同协商，为员工在企业的发展制定计划和线路。随着员工的学历、资历和职位的变化，员工的级别也不断上升。这样企业通过为员工设计职业发展阶梯，明确了员工在企业的发展前景和努力方向，从而可以增强企业的凝聚力和向力心，增强员工对企业的归属感，使员工为自己的良好发展前景而不愿轻易离开企业。

因此，通过企业为员工设计良好的个人发展计划和职业发展阶梯，就会促进企业和员工的发展，降低员工的流动率和流动倾向。对于那些看重学习和愿意获得新技能的员工，对于那些追求改善工作职位而积极表现的员工来说，由企业提供的培训机会，是鼓励他们，增加他们的满足感的重要因素。许多经济学家认为，如果企业所进行的培训是一种特殊的培训，是一种离开这个企业就不能发挥作用的知识和技能培训的话，就更可能减少员工的流动率。

企业和员工的发展离不开对员工的教育和培训，员工能否获得丰富的教育和培训机会对员工的流动会产生重要的影响。加强对员工的教育和培训，培养人才以适应时代的需要是企业发展的最重要的战略步骤，也是控制员工流失的关键性步骤之一。

考虑到在劳动力市场上招聘适应新的技术变化的员工并不容易，因此，对企业来说，对有价值的员工进行再培训，比重新招聘其他新员工来替代他们，更有利于节省开支。企业中的许多员工，由于在企业工作多年，已经获得了许多有关企业的知识，并表现出很强的竞争力，通过培训他们来满足新岗位对人力资源的需求是有利的。在这方面，企业可以充分利用大学的教育机构，使企业许多大学都有相应的培训项目。

最后，我们要强调，员工对于在企业内部的发展机会、个人的价值观以及对预期的感受是引导他们做出流动决策的最重要因素。实际上，每个企业或多或少都有为员工设计的职业生涯计划和道路，但是如果员工感觉不到这些道路的存在，或者他们不积极评价企业提供的这些机会，员工仍然可能选择流动。**而且，员工现在积极评价的职业生涯发展机会，不一定一成不变、永远看重。**

4. 为员工创造和谐的人际关系

企业中良好的工作氛围，和谐的人际关系最容易形成团队的凝聚力，也最容易让员工与企业荣辱与共，生死相依。

如果企业领导者能够和员工之间建立起一种积极的个人关系，如果企业能够表现出对员工的关心，为其创造出一个支持环境，那么员工就会由于这种关系而不容易产生流动的念头。不过，当主管领导与员工的个人关系变得太融洽的时候，又会有其他危险。如果员工与企业的关系仅仅维系在单个主管身上，一旦这个主管发生变化（调动或流失），与他维系关系的员工也会发生变化。因此，在企业管理中，应该强调发展多元的关系。此外，主管在与员工发展密切的个人关系的时候不应该妨碍主管履行批评的责任，也就是说不能为了降低员工流失率而降低流失率。对于表现不好的员工，应该批评时，不能因为个人关系而不批评。**一团和气虽有利于降**

低员工流失率，但却不利于企业的发展。

主管还可以通过另外一个方法来对员工流失进行有效的控制，即促进员工的工作成就感。如创造条件使员工能够更容易地取得成绩，建立反馈和认知系统，帮助员工清除进步的障碍等，这样，主管不仅对员工完成任务有帮助，同时也对员工的工作进行了奖励。还有，主管必须对他或她所控制的奖励资源进行合理的分配（也就是说必须真正根据员工的现实表现来分配，不能滥用一气），否则，真正表现好的员工由于没有得到足够的奖励，也可能离开。所有这些做法还有另外一个好处，即可以刺激表现不好的员工发生变化，或者改善自己的工作表现，或者在企业内部寻找其他职位，或者流动到其他企业。这种变化是有利于企业的。对于一个想使企业长盛不衰的领导者来说，创造和谐的人际关系极其重要。实施人本管理，尊重员工、关心员工，是保障企业成功发展的重要之举。

5. 对员工抱怨的及时处理

在任何一个企业，员工不可避免地存在着牢骚、抱怨、烦躁和愤怒的情绪。作为企业领导者，有责任随时解决这些问题，否则会造成很多隐患和不稳定因素。许多公司企业领导者往往易于把员工的不满当作小事一桩，不花时间去处理，并且把其中的一些抱怨当作是幼稚和愚蠢，因而予以忽视。如果这样，那就错了！请记住，这些抱怨对他们来说尤为重要，尽管对领导者而言不过如此。因此决不可掉以轻心，漠然视之。

当然，员工并不会因为自己心存抱怨就愤然提出辞职，但他们会在其抱怨无人听取又没人考虑的情况下辞职。如果事情到这一地步，局面就变得很僵了。这时他们感到了一种对他们人格的不尊重，令他们无法忍受。**身为企业领导者，如果希望与员工和平共处，少生事端，就得花些时间倾听他们的诉说。**员工存在抱怨和牢骚不是偶然的，它一定有其内在的原因。及时进行处理，让员工在尊重的环境中工作对于人本管理尤为重要。因为任何一个人都不会轻易地离开使他愉快的工作氛围。你要记住，大多数公司没有专门的程序来解决员工投诉的问题，而程序和形式并不能解决他们投诉的问题，只有企业领导者能够。

不满并不意味着不忠。认为对某一事情表示不满的人一定对公司、管理部门或对你极为怨恨，这是极其错误的。实际上，正是这种抱怨和不满，使你意识到公司里可能还有其他人也在默默忍受着和抱怨着同样的问题。默默忍受可以使员工忍气吞声，表面平静，但它却会严重影响生产效率。你若以此观点来对待他的抱怨，抱怨者应该得到你的感激，而不是报复。

如果企业领导者不准备采取什么行动，也应告诉抱怨者其中的原因。至少，要让他们感觉到已经听取了他们的怨言，若迟迟拖三周不理，员工肯定会失望透顶。

6. 在员工跳槽之前积极劝阻

尽管员工在跳槽之前有许多征兆可寻，但并不是所有积极防范员工跳槽的公司企业领导者都能在员工提出辞职请求之前就能看出苗头。不过，这并没有什么，企业领导者应该还有第二道“防线”，即积极地劝阻。首先，作为企业领导者要对这件事有很强烈的反应。因为所有的员工都很重视企业领导者这时的反应。如果你正在开会，千万不要说等我开完会再来找你之类的话，正确的反应是马上放下手中的事情，这样才能够明确地向提出请求的员工显示，员工的去留比这一日常工作更重要。如果这时你的反应是不冷不热，那么员工本来还只有三分去意的话，现在会马上变成八分去意了。当然，更不能说出“要走就走吧”之类的气话。

在员工向企业领导者吐露了辞职意愿之后，企业领导者要对此予以绝对保密，封锁其辞职消息。对员工来说，这为他改变主意而继续留在公司消除了一个障碍。这个障碍有可能使他在重新考虑自己的决定时变得犹豫不决。因为在决定了辞职之后，再推翻自己的选择，无论怎么说都是一件很令人尴尬的事情。如果公司中的其他人对此毫不知情，员工就还有进行选择的可能。如果这一消息马上公开，这个员工即使没有下决定也会很快就决定走了。

这时企业领导者需要做的是，与提出辞职的员工进行坦诚地谈心。有些员工可能并不是真心要离开公司，而是想通过这样的方式来实现自己的愿望，如工资晋级、职位变换等。这种谈话实际上可以看成是公司与员工进行的又一次“劳资谈判”。谈心时，一方面要诚恳地劝说员工留下来；另一方面，要倾听员工对公司的意见，尤其是他辞职的原因；同时还应该了解员工打算去什么样的新公司，为什么选择这家公司。通过了解这些信息，一方面，企业领导者可以寻找员工的心理突破点，更重要的是，通过这样的谈话，可以了解公司管理中存在的问题。在这个时候，应该让员工看到公司对他的重视，员工如果是诚恳地与企业领导者交心的话，一定会谈到一些对公司、对企业领导者本人不利的话。这时，一定不能听着不入耳就勃然变色。一般说来，员工离开公司，总是说明公司管理中的什么地方出了问题，存在弊端。后藤清一跟随松下幸之助26年，在其离开公司的时候，松下幸之助用了一个多小时倾听后藤清一对公司的意见。他认为，这是花钱也买不来的意见。对公司其他离职的员工，松下也十分诚恳地请求大家留下对公司的批评和建议。

在与员工谈话之后，企业领导者就应该对谈话所获得的信息进行分析，商量一个说服员工留下来的办法。我们在前面已经很仔细地分析造成员工流失的原因，这些因素共同形成我们所说的推力作用；同时公司外也存在许多因素，形成对员工的拉力作用。公司制定的挽留方案应该有很强的针对性，击破他的心理防线。而要做到这一点，与员工的谈话是很关键的。根据员工所陈述的拉力和推力理由，进行耐心地说服。要让员工认识到他对公司的推力的看法是由误会引起的，而且公司是造成这一误会的主要责任者。公司也会积极地纠正这一误会。这时，企业领导者与员工在一起进餐等方法会是很有用的，很能说明公司挽留员工的诚意。

与此同时，企业领导者还应该采取积极的行动，解决员工所提出来的困难，使公司内部的推力因素降到最低水平。一般说来，除非由于员工与公司有不可调和的冲突和矛盾而产生去意，许多情形下问题还是可以解决或者得到缓解的。留住优秀的员工并不是一件很困难的事，只要企业领导者在工作中、生活上给人才营造公正平等与融洽的环境，人才便会在你的麾下竭忠尽虑，勤奋工作，回报企业。

7. 对优秀人才跳槽早做防范

认真分析优秀人才“跳槽”的原因，采取妥善的应急措施或许能收到一定效果，但是“天要下雨，娘要嫁人”，实在要走，你采取什么办法也是无济于事的。

人才“跳槽”主要有以下几种情况。作为企业领导者，你应当对此心中有数，及早采取有效的防范措施，别等到“天下雨”“娘嫁人”的那一天。

①不辞而别。如果优秀人才不辞而别另择高就，公司上下事先却无人觉察或知道并没人报告，实际上这是公司经营管理不善的反映。对此应早有发现，并尽量使其回心转意。

②怀才不遇。一个员工工作量的多少并不能说明他对公司的满意程度如何。**经常有人仅靠自己的能力和遵守公司的管理制度就能圆满或超额完成自己的定额，但内心里他并不真正喜爱这份工作。**

有位负责销售工作的部门主管，工作成绩在公司连年都超定额，收汇、利润都很可观，是公司的骨干。但他却对制作电视广告情有独钟，希望有朝一日成为电视制作部门的主管。从公司角度出发，他留在销售部门是最理想不过，但他却一心想到电视部门。此时如果有合适的广播电视公司，他一定会义无反顾地离开销售工作去干电视制作。

最好的能挽留他的办法是：让他同时兼做两项工作，如果他确实才华横溢，兼做两份工作都很出色，不仅满足他对兴趣的追求，又为公司留住了人才，不会因人才流走而担心销售额下降了。

③与领导不合。与领导不合的原因是很多的。人们常常认为，责任在领导，如果他能在发生冲突时，显出自己的大人大量，不去斤斤计较下属，那么许多问题都是可以解决的。

作为一名领导对其下属应敏感体谅，而员工则应随时把自己情绪上的波动、工作中的合理要求及时地告诉他，这是双方呼应的事。**当领导的人不可能真正了解员工的内心世界，相互经常地进行工作、思想交流是保持上传下达、减少隔阂的有效办法。**

大公司的企业领导者不一定认识每一位员工。但精明的企业领导者每当下属要求接见时，总会安排时间，无论时间长短，去倾听他们的意见和建议。这种办法，确实十分高明。

④未能委以重任。当你的公司招聘到一位能力强、有开拓创新精神的年轻人，并且舆论公认此人日后必然会成某经理的接班人时，你必须认真思考：给他什么样的职位，如何提拔他更好？

如果在他的任用问题上稍有疏忽，处置不当，将会给公司带来不必要的麻烦。要么这位能者会因位置不好而另谋高就；或者会使那些资历比他高、工作时间比他长、职位较低或者较高的人为此而抱怨公司一碗水未端平，厚此薄彼。用人的事，不是小事，不可轻视。

⑤不注重年轻员工的早期培养。对于刚刚离开学校到公司工作的大学生、研究生，若不加强管理、注重早期培养、压担子的话，在两三年内他们最容易“跳槽”。他们年轻有为，前程远大，正是公司的希望所在，并且已熟悉了公司业务，如果让他们流失，公司将再去培养新手。对这些，不少公司并没有引起高度重视。

假如一位胸怀抱负的能人在公司里仍做低级职员的工作，其才干并没有得到充分肯定，此时此刻他要求离职另求发展是很正常的。

避免这类不愉快事情发生的办法是：把新来的员工看作是公司的一笔长期投资，精心地培养督促他们。安排公司有能力的主管或员工指导他们，让他们承担一些力所能及或是超过其能力的工作。这一切就如一个长期项目，并不期待马上得到回报或收回投资。他们在公司工作的时间愈长，公司得到的回报将愈大。

⑥高工资的诱惑。更高的薪水，当然是一般人“跳槽”的最大原因。对此没有什么最好的解决办法。

即使领导者为增加工资而与员工谈判，无论采取哪种处理办法，对公司和员工都无好处可言。著名的波音公司的专家们对450多名“跳槽”者的调查表明，其中有40名为增加工资与企业领导者进行了谈判，27名因被加薪而留下来继续为公司效力，但不到一年的时间里，其中25名因各种原因又离开了公司。实际上，工资的多少并不是真正让他们继续留下来的关键。